四特 教育系列丛书 SITE JIAOYUXILIECONGS

以礼服人

《"四特"教育系列丛书》编委会　编著

吉林出版集团股份有限公司
全国百佳图书出版单位

图书在版编目（CIP）数据

以礼服人／《"四特"教育系列丛书》编委会编著．
—长春：吉林出版集团股份有限公司，2012.4
（"四特"教育系列丛书／庄文中等主编．教师全方位
修练）
ISBN 978-7-5463-8769-7

Ⅰ．①以… Ⅱ．①四… Ⅲ．①中小学－教师－修养
Ⅳ．① G635.16

中国版本图书馆 CIP 数据核字（2012）第 045229 号

以礼服人
YILI FUREN

出 版 人	吴 强	
责任编辑	朱子玉　杨　帆	
开　　本	690mm×960mm　1/16	
字　　数	250 千字	
印　　张	13	
版　　次	2012 年 4 月第 1 版	
印　　次	2023 年 2 月第 3 次印刷	

出　　版	吉林出版集团股份有限公司
发　　行	吉林音像出版社有限责任公司
地　　址	长春市南关区福祉大路 5788 号
电　　话	0431-81629667
印　　刷	三河市燕春印务有限公司

ISBN 978-7-5463-8769-7　　　　　定价：39.80 元

前　言

　　学校教育是个人一生中所受教育最重要的组成部分,个人在学校里接受计划性的指导,系统地学习文化知识、社会规范、道德准则和价值观念。学校教育从某种意义上讲,决定着个人社会化的水平和性质,是个体社会化的重要基地。知识经济时代要求社会尊师重教,学校教育越来越受重视,在社会中起到举足轻重的作用。

　　"四特教育系列丛书"以"特定对象、特别对待、特殊方法、特例分析"为宗旨,立足学校教育与管理,理论结合实践,集多位教育界专家、学者以及一线校长、老师们的教育成果与经验于一体,围绕困扰学校、领导、教师、学生的教育难题,集思广益,多方借鉴,力求全面彻底解决。

　　本辑为"四特教育系列丛书"之《教师全方位修炼》。

　　教师的职业是"传道、授业、解惑",教师的职责是把教学当成自己的终生事业,用"爱"塔起教育的基石,用自己的学识及人格魅力,点燃学生的兴趣,促进学生的健康、快乐成长。

　　俗话说:"教师不能半桶水。"学生专业知识水平的高低,很大程度上受老师知识水平的制约,如果教师在教学中对教材分析不透,对知识重点把握不准,要点讲解不清,那么学生听过他的课就会产生一种模糊的收获不大的感觉。因此教师必须知识广博,语言丰富,学生才能学到真正的知识。本书从新世纪、新时代经济和社会发展的要求出发,从理论与实践的结合上,对新世纪教师素质及其修养的一系列问题,做了比较全面、系统、深入的阐述。应当说,这是一项十分有意义的工作。

　　本辑共 20 分册,具体内容如下:

　　1.《师魂》

　　教师被人们称为"人类灵魂的工程师",担负着传授知识、传承文明、培养人才、提高民族素质的光荣任务。教师的最高境界需要"忙人之所闲,闲人之所忙",从有到无,从无到有;从看教育是教育,到看教育不是教育,再到看教育还是教育,这就是对教育的最大贡献,让人的精神生活世界有生机、有活力、有智慧。

　　2.《以礼服人》

　　作为教师,我们要正确领会礼仪、礼貌、礼节、仪式和教师礼仪的概念,领会礼仪的地位和作用,掌握教师礼仪的原则、方法,坚持科学发展观,为构建社会主义和谐校园而奋斗。教师的一举手一投足,甚至一颦一笑,都蕴含着教育的力量。本书从教师的个人形象、教师的服饰、教师的语言、师生关系礼仪、教师与家长沟通礼仪、同事共处礼仪、集会礼仪和社会交往礼仪等方面,系统阐述了教师礼仪的一些基本常识。

3.《教师的一生修炼》

本书将重点探讨如下诸方面的理论与实务:职业规划——自我实现的教育生涯、如何设计职业生涯、职业发展规划行动、教师入职与离职规划、新教师角色适应规划、教师专业发展规划、校长成长规则、职场诊断与修炼、潜能开发以及享受学习化教育生活等。

4.《育人先做人》

教师是学生智慧的启蒙者,学生未来的引领者。教师的质量决定了教育的质量。教师的品质决定了教育的品位。教师人格的完善能够提升教育的水准。教育职业对教师人格提出了严格的要求:在教师自身的人格教育中不断提升自我,完善人格。人格教育是一生的工作,提升自我、完善人生会伴随一个人一生的历程。

5.《教育语言随心用》

本书内容涵盖了教学语言艺术和教育语言艺术训练的方方面面。从宏观综论到微观剖析,从课堂艺术到辅导艺术,从艺术对话到精彩演讲,从个性张扬到群体发展,从全体教育到特殊教育,质朴无华,内容充实,观点鲜明,为教师深入研究和准确使用教学语言和教育语言提供了可以借鉴的经验。

6.《师者无敌》

本书编写的基本理念是:从内容构架而言,以促进教师对自身职业的理解为基础,以增进教师职业人生的完善为基本目标,以启发、引导的方式来促进教师德性的自主形成;从编写形式而言,力求摆脱单一的理论说教,从当代教师职业生活实际出发,抓住主要问题,采取生动、灵活的语体形式,把精要的论述与典型的事例结合起来,注重该书的可读性。

7.《教师的信仰》

职业精神是教师不可缺失的最本质的东西。一个教师能不能成为好教师、名教师,关键是有没有职业道德,有没有职业精神。今天的教育,缺的不是楼房,而是文化与技术;缺的不是理念,而是行为与操作;缺的不是水平,而是责任和精神。教育的希望,在于教师良心的回归、精神家园的重建。只要有了良好的精神状态,我们就有战胜任何困难的勇气,就有奋然前行的动力。

8.《看透学生的心理》

学生的心理困惑从何而来? 概括来说就是一"高"一"低":高,学生是个承载社会、家长高期望值的群体,自我成才欲望非常强烈;低,其心理发展尚未成熟,缺乏社会经验,适应能力较差。正是这欲望与不能之间的矛盾造成了学生的心理问题。我们编写了本书,是期望引导老师与青少年共同克服这一难题,去打开人生的成功局面。

9.《卓越教师》

突出骨干教师的培训,既是加强中小学教师队伍建设的当务之急,又是提高教师质量的长远之计。本书在编写上提倡以培训学科带头人为目标,以现代教育思想、现代教育技术、特级教师的学术报告以及当前教改的热点问题为研究内容，源于实践又高于实践，可用做骨干教师的培训教材，也可用于普通教师的自我阅读与提高，以期使教师在不长的时间内达到或接近特级教师的水准，成为学科带头人。

10.《与学生打成一片》

如何做最受学生欢迎的老师，是每个老师都要思考的问题，也是每个老师都希望的，学校的课程很多，语文、数学、英语、科学、音乐、美术、体育等等，每门学科都有自身的特点，每个学生都有自己的喜好，我们都能真正做到让每个学生都欢迎吗？本书将教会教师们怎么样靠自己的才能和高尚的品德赢得学生的喜欢和尊重，让每一个教师都能成为受学生欢迎的教师。

11.《培养教师爱岗敬业精神》

本书从教师的角度，阐述了教师爱岗敬业所带来的深刻变化，介绍了如何爱岗敬业的途径和方法，从勇于负责、乐于服从、热情专注、自动自发、团结协作、勤奋努力、敢于创新、节俭高效等方面，结合大量教育实例和人生哲理，向广大教师提出了爱岗敬业的崇高理念和修炼方法，期盼每一个教师都能从中受益。

12.《教师职业道德与素质培养》

当前，各级教育行政部门和社会各界都非常关注师德建设，师德教育已经被列为教师继续教育的重要内容之一。本书以专题研究为主线，以典型的案例及案例分析为依托，从教师工作、生活实际出发设置情境、提出问题，突出师德教育的操作性和实效性。本书将适应新世纪对教师职业道德建设的需求，该书也适用于在校师范生以及申请教师资格者学习。

13.《教师怎样提升教学质量》

每位教师的心里都有一个美好的心愿，那就是都想使自己的教学质量得到最大程度的提高。众所周知，教学质量是一个学校的生命线，如何提高教学质量是我们每一位教师时刻都在研究、都想努力做好的一件事。要让教育不平凡，出路就在于能突破平常很容易被封闭的平庸局面。优秀的教师，会善于用智慧慢慢凿开通向教育风景的出口。

14.《教师快乐工作指导》

教师工作细致而繁琐，教师不仅要组织好各种教育教学活动，还要保证学生的身心安全。长期的忙忙碌碌、精神高度集中，教师容易产生麻木、倦怠、疲劳的职业状态。为使教师们消除职业倦怠，学会快乐地生活，愉快地工作，需要多渠道支持帮助教师们进入积极健康的工作和生活状态，从心理、物质和精神上给予帮助和支持，让教师感受到集体的关怀和温暖。

15.《教师工作减压指导》

当教师很累，这已经是所有中小学教师共同的感受。中小学教师劳动强度很大，长此以往，就很容易使教师患上疲劳综合症，导致未老先衰，甚至英年早逝的恶果，对教育的可持续发展和教师队伍的稳定十分有害。中小学教师的过劳问题应当引起政府有关部门的高度重视，以人为本的科学发展观要落到实处，不要仅仅停留在口头上。作为教师个人，我们不要只等待有关部门的措施，必须想方设法给自己"减压"，以防被疲劳综合症缠身。

16.《教师文娱活动指南》

与家人、朋友一起开开心心消费课外时间与星期天，使身心从工作中彻底解脱出来，得到完整的休整，全面地恢复。要知道工作是永远干不完的，是没有最好的。我们需要多看到一些明天的太阳，让照亮别人的蜡烛燃烧得时间更久、更久……

17.《教师心理健康指南》

随着竞争愈来愈激烈，教师的工作节奏日趋紧张，精神上容易产生巨大压力，精神上和身体上的超负荷状态对健康是非常不利的。如果不注意休息和调节，中枢神经系统持续处于紧张状态，会引起心理过急反应，久而久之可导致交感神经兴奋增强，内分泌功能紊乱，产生各种身心疾病。本书力图从教师职业发展的实际需求出发，注重必要的理论引领与生动的案例分析相结合，突出专业性、应用性、操作性、可读性，可为广大中小学教师培训、自学提供借鉴，也可为高校相关专业的学生的学习、研究提供参考。

18.《教师怎样进行教学改革创新》

立足素质教育的学理，探析课堂教学的变革，反思课堂教学实践，重新审视素质教育理论，正是在实践和理论的互动中探讨我国教育的现实与未来。

19.《从历代名著中学习教育思想》

撷取世界知名教育家在世界教育史上具有重大影响和学习价值的教育名著进行选读。每位教育家及其著作均有作者简介、成书背景、内容精要、名著选读等内容。本书结合这些教育名家的成长经历，阐述了不同名著的理论内容和实践特色，批判继承了中外历史上进步的教育思想，对于提高读者的教育理论素养，提升教育工作者的教学水平和创新能力具有一定的借鉴意义。

20.《向教育名家学习教育智慧》

着重介绍当代教育家的教育思想。中国是一个教育大国，理应对全人类的教育作出自己的贡献。在两千多年的历史文明进程中，中国也确实不断为世界教育的进步贡献自己的教育思想、教育制度和教育智慧。新中国成立以来，尤其是改革开放以来，中国教育发生了深刻变化，取得巨大成就，同时，也不断涌现出新的教育思想、新的改革成就和新时代的教育家。我国一大批教育专家学者上下求索、大胆实践，为教育发展出谋划策，为教育改革殚精竭虑。他们的学术思想和教育实践直接推动了我国的教育改革与发展，并将对今后的教育实践与研究继续产生深刻影响。

由于时间、经验的关系，本书在编写等方面，必定存在不足和错误之处，衷心希望各界读者、一线教师及教育界人士批评指正。

编者

目　录

教师礼仪的构成要素

一、礼仪的构成要素

礼仪涉及社会生活的方方面面,类别多种多样,然而各种礼仪的构成要素是基本相同的。一般来说,礼仪的构成要素包括四个方面:主体、客体、媒体和环境。作为礼仪家族中的一个成员,教师礼仪的构成要素亦包括上述四个方面。

1. 礼仪的主体

礼仪的主体是指各种礼仪行为和礼仪活动的操作者和实施者,包括个人和组织两种类型。当礼仪行为或礼仪活动规模较小或比较简单时,礼仪主体通常由单个人来充当。例如,一个学生在路上遇见教师时向教师问好,这个学生就是"问好"这个礼仪行为的主体;又如,在饭店服务工作中,某个服务员使用礼貌语言接待宾客,这个服务员就是"礼貌服务"这个礼仪行为的主体。礼仪的主体也可以是不同大小、不同性质、不同层次的各级社会组织,小到学校的一个教研室和班级、机关的一个部门和科室,大到一级地方政府乃至一个国家,都可以是某个礼仪行为或礼仪活动的主体。

对于个人类型的礼仪主体来讲,其礼仪行为或礼仪活动一般应由本人来完成,但在某些特殊情况下,如作为礼仪主体的个人有事、生病或其他原因,也可以采用恰当的形式或委托他人实施。对于组织类型的礼仪主体来说,其礼仪行为或礼仪活动不可能靠组织自己来完成,必须由具体的人代表组织来具体操作和实施。例如,某校举行校庆活动,某兄弟学校派出一位副校长出席典礼并致贺,那么这一致贺礼仪行为的主体是该兄弟学校,而那位副校长则是礼仪主体的代表。这里需要强调指出的是:不管礼仪主体是个人还是组织,在选派代理人或代表时都要非常认真、谨慎。代表者必须具备代表礼仪主体的资格和能力。并为对方所认可和欢迎。若选派的代表不当,不但不能完成礼仪任务、实现礼仪目标,而且还有可能造成礼仪失误,或有损礼仪主体的形象,或伤害礼仪对象的感情,甚至影响双方交往的友好关系。

2. 礼仪的客体

礼仪的客体是指礼仪行为和礼仪活动的指向者和承受者。例如,上课铃响,教师走向讲台,学生全体起立,教师是这一礼仪的客体。当国旗每天黎明在天安门广场冉冉升起时,护卫队及观众行注目礼,国旗则是这一礼仪的客体。礼仪客体既可以是人,也可以是物;既可以是物质的,也可以是精神的;既可以是具体的,也可以是抽象的;既可以是有形的,也可以是无形的。当然,由于礼仪主体具有不同的价值标准,其礼仪客体也会存在很大反差,既可以是品位高洁,也可以是庸俗不堪。从这个角度来讲,礼仪客体是一个既琳琅满目又良莠不齐的世界。

3. 礼仪的媒体

礼仪的媒体指的是礼仪活动所依托的一定的媒介。在一定的环境条件下,生活中的人、物、事都可以作为礼仪媒体而发挥作用,可从宏观上将礼仪媒体划分为人体礼仪媒体、物体礼仪媒体和事体礼仪媒体等三大基本类型。在这里,人体礼仪媒体是指通过人体自身(包括人的言语、态势以及人体之间的相互状态)来传达礼仪信息的媒体;物体礼仪媒体是指通过各种物体的各种状态来传达礼仪信息的媒体;事体礼仪媒体则是指通过各种有关的事体来传达礼仪信息的媒体。在具体操作和实施礼仪时,这些不同类型的礼仪媒体往往是交叉结合、配套使用的,从而使实际的礼仪行为和活动过程常常呈现出丰富多彩、千姿百态的场景。

4. 礼仪的环境

任何礼仪行为和活动,都是在特定的时间和空间条件下进行的。实施礼仪行为和活动的特定时空条件就是礼仪的环境。礼仪环境复杂多样。大而言之,礼仪环境可分为礼仪的自然环境和礼仪的社会环境两个方面;小而言之,凡举地理位置、天气状况、自然灾害、世事变迁、年成好坏、战争胜败、风俗更易、人际关系等,都可以成为特定礼仪的环境因素。礼仪环境对礼仪的制约作用一般体现在以下两个方面:一是实施何种礼仪要由礼仪环境决定,二是具体礼仪如何实施也要由礼仪环境决定。因此,在礼仪实践中要根据礼仪环境确定礼仪类型,并对实施礼仪的规模大小、程序繁简、规格高低等做通盘考虑和妥当处置。只有根据具体的礼仪环境恰如其分地运用礼仪规范,才有可能获得比较理想的礼仪效果。

二、教师礼仪的内容

从礼仪内容的角度来说,教师礼仪主要包括以下三个方面:

1. 教师的形象礼仪

形象对一个人来说是其综合素质的最初展示。教师,尤其是中小学教师,在学生心目中的地位是崇高的。学生的模仿能力很强,教师的一言一行、一举一动,学生都急于去模仿。因此,教师必须掌握形象礼仪,讲究美的仪表、美的仪态,使用美的语言,在学生心目中树立起"美"的形象。

2. 教师的教育礼仪

教师的教育礼仪是指教师在教育中的艺术性、科学性和方法性。教师需要根据具体的教育情景,针对不同的学生做到有的放矢,收放自如,这就要求教师要掌握行之有效的教育方法,如"愉快教育法"、"美育教育法"、"创造能力教育法"、"情感教育法"等,运用一定的教育艺术去开展教育、教学活动。

3. 教师的社交礼仪

作为社会中的一员,教师同样需要和社会中的其他人(人群、组织等)打交道,需要懂得基本的社会交往礼仪。教师的社交礼仪主要体现为教师的日常行为举止礼仪和人际交往活动的方式礼仪,如"称呼礼仪"、"问候致意礼仪"、"握手礼仪"、"登门造访礼仪"和"接待来访礼仪"等。

教师礼仪的主要特征

作为一种社会文化现象,礼仪属于上层建筑范畴,它的产生与发展在很大程度上受经济基础的制约,经济制度、社会条件决定了礼仪文化的特点。礼仪既是思想品德、行为习惯、伦理风俗的综合表现,也与社会制度、民族传统、国情密切相关。作为人们在社会交往中必须遵守的行为规范,礼仪具有鲜明的时代特征和社会特征,这些特征主要表现为共同性、继承性、简易性和社会发展性等。同时,教师礼仪还具有一些个性特征,如平等性、自律性、渗透性、统一性等。学习和掌握教师礼仪的这些共性和个性特征,对于准教师加深对教师礼仪的理解,更好地应用教师礼仪有重要的意义。

一、教师礼仪的共性特征

1. 共同性

礼仪的共同性是指人人都要遵守礼仪，即便在阶级社会也存在着全民必须共同遵守的一些礼仪形式。一个民族总是存在着某些共同的利益，有着共同的历史传统、文化背景和生活环境。如果没有全民都共同遵守的礼仪形式，不同阶层的人就无法进行交往，整个社会生活也就无法正常运转，因此，在任何一个社会里都必然存在一些全民都必须共同遵守的最基本的礼仪形式。同时，礼仪是社会公共道德的重要组成部分，是在人类共同生活的基础上产生和发展起来的，是调节同一社会中全体成员之间关系的行为规范。因此，礼仪是社会中各民族、各阶级、各党派、各社会团体和各阶层人士都应共同遵守的行为准则。人类的观念和追求在某些方面是有共同性的。礼仪是社会交往中衡量他人、判断自己是否符合社交规范的共同标准和尺度，任何人要想在社交中表现得合乎社交礼仪，就必须无条件地遵守礼仪规范。凡是符合礼仪规范的行为，就为大家所接受；凡是不符合礼仪规范的，就会引起大家的不满和反对。在现代社会，由于不同国家、不同地域、不同民族之间的交往范围不断扩大，礼仪的共同性特征变得日益明显。礼仪已经跨越了国家和地区的界限，为全世界人民所拥有，成为全人类的共同财富。

2. 继承性

礼仪的形成和完善是历史发展的产物，任何国家、任何民族的礼仪都是在古代礼仪的基础上继承和发展起来的，都是在长期的社会生活和道德实践中逐步积累起来的。人们将在长期生活及交往中的习惯以明确的形式固定下来，并世代沿袭，这就形成了礼仪的继承性特点。这种继承性不是简单的"代代相传"，而是要经过反复筛选、淘洗和扬弃的过程，一些过时的、陈腐的习俗被淘汰，一些人们喜闻乐见、有价值、有生命力的礼仪精华被保留下来。特别是诸如尊老敬贤、父慈子孝、礼尚往来等一些反映民族传统的礼仪，一代又一代地流传至今，并将为子孙后代不断继承和发扬光大。礼仪一旦形成，便具有一定的稳定性，作为一种良好的社会生活准则在社会发展中世代相传，是社会进步、人类文明的重要标志。当然，礼仪的继承性应反映在对代表礼仪的主流和本质、体现社会文明和进步的高尚礼仪的继承和发展上,因此,对古代的礼仪不能全盘肯定、全盘继承,而应该有抛弃、有继承,更要有发展,以适应当今社会发展和时代的需要。

3. 简易性

礼仪的简易性是指其在人们的社会生活和交往中易于被理解和接受,易于实现它的要求和作用。礼仪作为一种道德规范,是人们的行为准则中最简单、最普及、最易于实行的标准,是人们普遍应当做到又不难做到的最低限度的行为要求。礼仪简单易行,便于操作,应用性强,才能在社会生活和交往中被广泛应用。礼仪的易学易行,使其具有十分广泛的群众性,得到广大群众的认可,从而在社会交往中得到推广和应用。

4. 发展性

礼仪不是一成不变的,它作为一种社会发展的产物,随着社会的发展而不断发展完善,以符合时代的要求。一方面,某一阶段被公认的礼仪准则、规范随着历史的发展,有的被肯定,有的被否定,有的被充实,有的被抛弃。同时,一些新的内容又补充进来,不断推陈出新,使礼仪适应时代发展变化的要求;另一方面,随着对外交流的扩大,世界经济全球化和信息化的到来,各国、各地区、各民族之间的交往日益密切,各自的礼仪也随之相互影响、相互渗透、相互取长补短,使各国、各民族的礼仪在历史传统的基础上不断被赋予新的内容。因此,随着时代的发展变化,各国、各民族的礼仪也不断发展完善,任何国家、民族的礼仪都体现着时代的要求和时代的精神,这是社会的进步,历史的必然。

5. 普遍性

礼仪的普遍性是指礼仪在人类交往活动中无时不有、无处不在。不论是在结绳记事、刀耕火种的远古时代,还是在科学技术突飞猛进、文明程度日益提高的现代社会,也不论是哪个国家或地区上层社会的达官贵人,还是底层社会的布衣百姓,只要存在着人际的交往活动,就必然会有一定的礼仪形式与之相适应。也就是说,礼仪贯穿于人类社会发展的全过程,遍及社会的各个领域,渗透到各种社会关系之中,只要有人际关系存在,就会有作为人的行为准则和规范的礼仪存在。当然,由于时代、地域、阶层、民族习俗的不同,礼仪的表现形式也有所区别。

6. 规范性

规范性是礼仪的一个极为重要的特征。这里所说的规范性有两层含义:一是指礼仪是人们在社会交往实践中的一种行为规范,是要求普遍遵守的行为准则。它告诉人们应该怎样做,不应该怎样做;怎样做是对的,怎样做是错的。也就是说,礼仪作为一种行为准则,经常支配或约束着人们的社会交往行为。二是指在社会交往活动中,礼仪的实施应该遵循规范、符合标准。在什么时候施礼,施什么样的礼,都要因人、因时、因地制宜。也就是说,礼仪的实施必须等级相称、时空有序、恰到好处。否则,不仅不能达到增进感情、交流思想的目的,反而可能闹出笑话,影响友谊和社交活动的顺利进行。

二、教师礼仪的个性特征

1. 平等性

教师和学生的人格是平等的。现代教育以学生为本,一个真正有教养的教师,一个真正热爱自己工作岗位的人民教师,就要爱护学生、端正态度、以宽待人。教师要善于包容,容忍自己的同事有不同的教学方案和教学模式,容忍不同的学科有不同学科的教学要求,容忍不同的学生有不同的偏好和兴趣,教文科的不能说文科比理科好,教理科的也不能认为文科不管用。总之,教师的待人接物要懂得宽容,体现平等,把党和国家的教育方针体现在日常工作中,转化为实际的效果,不能恣意妄为,信口开河。

2. 自律性

教师礼仪的一个非常重要的特征就是要摆正教师和社会交往层面的位置,和同事的位置,和家长的位置,和学生的位置,一句话,即端正态度。教书育人是教师的天职,教者为先,所以每一个教师都要爱岗敬业,忠于职守,钻研业务,不厌其精。与此同时,自律是第一位的,每一个教师都要严于律己,宽以待人。两者相辅相成,缺一不可。

3. 渗透性

教师是学生最亲最敬的人,学生具有天然的"向师性"。教师的礼仪行为是学生最直接的榜样。学生在观察教师时,常常产生一种"放大效应"。教师的一点善举,会使他们感到无比的崇敬;教师的一点瑕疵,则会使他们产生莫大的失望。教师的行为潜移默化地影响着学生,影响着他们的处世态度和人生观。许多学生说,自己现在具有的一些礼仪常识,除了来自于学校和家庭的教育外,主要来自于教师的言传身教。教师要有人格魅力,语言、心灵、仪表、行为都要美,通过身体力行去影响和熏陶学生。

4. 统一性

教师礼仪是一种内在道德要求和外在表现形式相统一的行为规范。教师礼仪的内在要求是指教师在与他人交往的过程中,要互相尊重,诚恳和善,谦恭而有分寸。教师礼仪的外在表现形式是指礼仪的内在要求在教师的语言、行为、仪态等方面的具体表现。对教师礼仪的理解仅仅停留在"金玉其外"的表层是远远不够的,没有内在的文化修养、道德品质、精神气质和思想境界等,外在的形式就失去了根基。但我们在强调教师内在美德的决定性地位的同时,也不能否定外在形式的重要作用。正如洛克所说的那样:"没有经过琢磨的钻石是没有人喜欢的,这种钻石戴了也没有好处。但是一旦经过琢磨,加以镶嵌之后,它们便生出光彩来了。"教师内在的良好道德情操、文化修养通过一定的外在形式表现出来,才能在教育生活中具有实际的意义和作用。

教师礼仪的基本原则

教师礼仪的原则是指教师处理人际关系的出发点和指南。准教师不仅要学习和掌握礼仪的规则,而且要懂得和遵循礼仪的基本原则,这样,在未来的教育教学活动中才可以做到更加自觉,更加自然得体。一般来说,教师礼仪的基本原则有尊重原则、遵守原则、自律原则、适度原则、诚信原则、随俗原则、教育原则等。

一、尊重原则

尊重是教师礼仪的情感基础,是建立友好关系的纽带和处理各种人际关系的准则。只有人与人之间彼此尊重,才能保持和谐、愉快的人际关系。尊重包括自尊和尊人,以尊敬他人为主。自尊就是要自己尊重自己,保持自己的人格和尊严。一个具有自尊品质的教师,必然注意自身修养,自强不息,因而也会赢得学生、同事和领导的尊重。尊人就是对他人以礼相待,尊重他人的人格、感情、爱好、价值及其所应享有的权利和利益,对人要诚心诚意,做到宽厚、宽容、大度。尊重交往对象,要平等待人,对任何人都要做到一视同仁,给予同等程度的礼遇,不能因人而异、厚此薄彼、区别对待。

尊人的精神应渗透于教师礼仪实践的方方面面,掌握了这一点,就等于掌握了礼仪的灵魂。

二、遵守原则

教师礼仪作为教师教育教学行为的准则和规范,是为了维护正常的教育生活而形成和发展起来的,反映了师生的共同利益和要求。在教育生活中,每位教师都有责任和义务共同维护和自觉遵守礼仪,都应该用礼仪来规范自己的一言一行、一举一动。

三、自律原则

自律就是自我约束,时时处处用礼仪来规范自己的言行举止。教师礼仪的自律原则要求教师从内心树立良好的道德信念和行为准则,并以此约束自己的行为,自觉按照礼仪规范去从事教育活动,将良好的礼仪规则内化到心中,成为个人素质的一部分,而无需外界的提示和监督。教师在与学生、同事交往中,要求别人做到的自己应首先做到,"己所不欲,勿施于人","严于律己、宽以待人",不断提高自我约束、自我克制的能力,做到自律自觉。不论是在领导面前,还是在学生面前,教师都应"慎独",自觉遵守礼仪。

四、适度原则

在哲学上,"度"指的是一定事物保持自己质的数量界限,超过这个界限,就会引起质的变化。在人际交往中,情感的表达也有一个适度的问题,教师要把握好各种情况下的社会距离及彼此间的感情尺度:待人既要彬彬有礼,又不低三下四;既要殷勤接待,又不失庄重;既要热情大方,又不轻浮诡诙。凡事过犹不及,社交也是同样,礼仪运用得过了头或不到位,都不能正确地表达敬重之情。比如握手,对方毫不用力,会产生一种被冷淡或不被看重的感觉;对方用力过大,会觉得对方粗俗;只有对方用力适中,才会觉得对方热情真诚。无论是谈吐还是举止,如果过于严肃拘谨,则无法形成轻松融洽的气氛;但是,如果大方过了头,则难免引起他人的反感。所以,在教育活动中,教师运用每一礼仪都要注意时间、地点和对象,注意把握分寸,适可而止。同样的礼仪,有的教师运用起来赏心悦目,充满美感;

有的教师运用起来却让人觉得变了味、走了样,其原因往往就在于是否掌握了礼仪的适度原则。

五、诚信原则

真诚是做人之本,也是教师的立业之道。人与人相交贵在交心,人与人相知贵在知品,人与人相敬贵在敬德。真诚向来是为人所称道的道德,而虚伪则最遭人厌弃。真诚待人,可广结人缘,拥有众多的同行朋友和社会友人,与学生相处就会感情融洽,即使有点误会或隔阂也能消除,正所谓心诚则灵。虚假处世,只会糊弄一时,终不会长久,必定相交者寡。在礼仪及其规范的遵循上,如果你是真诚的,即使你不会效仿对方的做法,也会赢得他人的了解和尊重,例如外国人到中国不会用筷子,我们不会认为这是失礼的行为,而会认真地教他如何使用筷子。教师运用礼仪时,务必诚实无欺、言行一致、表里如一,做到"诚于中而形于外"、"惠于心而秀于言",使美的心灵与美的仪表、谈吐、举止形成一个有机的整体。只有如此,教师在运用礼仪时所表现出来的对交往对象的尊敬与友善,才会更好地被对方理解和接受,才能充分展示出自己美的风采。

六、随俗原则

随俗原则是指教师必须遵守礼仪对象所在地域、所属民族的礼仪规范。随俗原则的作用在于教师与不同民族或不同地区的人进行交往时,对遵从何种礼仪规范有一个共同认可的选择标准。依据这一原则,无论对处于客体还是主体的礼仪当事人都是天经地义、顺理成章的事。遵循所到地域的礼仪规范,是一切礼仪当事人无法推卸和回避的义务,也是获得礼仪成功的重要保证。如果能做到这一点,就可以得到所到地域的人的认同、赞赏和欢迎,并且在各方面产生巨大的促进作用。

七、教育原则

"师者人之模也,无德者无以为师","德高为师,学高为范",但长期以来,在教师的职业道德建设上,我们对教师职业道德强调得多,对教师起码的行为规范强调得少,扎扎实实的行为训练更缺乏,使得一些教师不知道该如何把教师职业道德规范转化为身体力行的职业道德实践。有的教师在课堂上从未对学生微笑过;有的把训斥、讽刺、挖苦、体罚或变相体罚学生,与对学生的严格管理等同起来,造成学生身心方面的伤害,甚至造成无法挽回的严重后果。维护和体现人的尊严是礼仪的价值所在。教师礼仪的核心是对学生的尊重和关爱,是教师向学生表达教师爱的具体形式,一句亲切的话语,一张洋溢着微笑的面孔,对学生都是一种巨大的激励和鼓舞。所以,礼仪不仅是教师自身良好职业道德修养的表现,更重要的是,礼仪使教师职业道德成为一种重要的教育力量或教育要素。在学生心目中,教师是智慧的代表、高尚人格的化身,教师的一言一行所传递的思想、性格、品德对学生有着熏陶与感染作用。中小学生善于模仿,教师的行为常常直接作用于学生,教师的音容笑貌、举手投足无形中都可能为他们所效仿。教师礼仪所具有的榜样力量,对各年龄、各层次的学生都具有潜移默化的影响和作用。长期工作在学校的人都有这样一个体会,教师的行为作风,对学生的才识品学、素质风格以及集体面貌影响极为深刻。教师进取心强,受其熏陶,学生也会充满积极进取的精神;教师对人诚恳,作风民主、和蔼可亲,能听取学生意见,学生中也会充满团结向上的气氛;教师兴趣广泛,多才多艺,学生也会重视自己兴趣、爱好的培养和特长的发展;但教师的素质在某一方面不尽如人意,学生也会无法避免地出现某种相应的遗憾等。前苏联教育家马卡连柯认为,教育者对被教育者的作用首先是教师品格的熏陶、行为的教育,然后是专门知识和技能的训练。礼仪恰恰是教师把这种"首先"和"然后"连接在一起的桥梁和纽带。

教师礼仪的主要功能

在现代社会中,礼仪无时不在、无处不在,渗透到日常生活的方方面面,发挥着越来越大的作用。礼仪之所以被广泛提倡,之所以受到社会各界的高度重视,主要是因为它对社会、对个人具有多方面的重要功能。对准教师来说,学习教师礼仪规范,提高自己的修养,培养自己良好的气质风度,具有重要意义。教师工作时时需要与学生、与家长、与同事、与校长交流、交往,如果不通人情世故,不懂文明礼仪,周围的人很难接受你、承认你。提高自身素质,培养良好修养,具备文明礼仪,是新时代赋予教师的要求。教师从内心到外表不断完善自我、美化自我,向外界充分展示自我的风采,将有助于塑造教师的职业形象,维护教师的职业尊严,协调教师的人际关系,完善教师的人格形象,加快教师的事业成功,促进学生的健康发展,提高教师的生活质量。

一、塑造教师的职业形象

礼仪是显示教师的人格修养、文化背景等道德风范的窗口。礼仪可以帮助教师塑造一个总体的职业形象,包括外在形象和内在形象。外在形象是教师所表现出来的言谈举止、行为服饰等视觉形象,内在形象则是教师人品、格调、气质、风度等人格形象。前者是表现性的,后者则是意象(描述)性的,前者表现后者,而后者更能够深刻地影响前者。

大方得体的衣着、亲切和蔼的谈吐等符合教师职业要求和礼仪规范的行为举止,既能塑造教师端庄、自信的魅力,又能体现教师勤奋、严谨的治学态度和积极进取、奋发向上的精神风貌,而衣着随便、不修边幅,甚至在讲课时把手插在衣兜里,语言粗俗,批评学生时不注意场合等,则很难使学生产生好感。一位学生曾经讲过这样一件事:一位教师正在上课,突然有人敲门,说因家中有事,要找某某学生。这位教师面带微笑,却很干脆地说"有事等下课以后再说"。这本也无可厚非,但此教师转身关上门后说道:"无聊!"然后就说他如何讨厌别人在他上课时打扰他。本来那位学生对其家长打断教师上课心存歉意,但听了教师的这些话以后,不仅歉意全消,而且不满情绪逐渐高涨。就这样,这位教师在学生心目中的形象立时矮了一截。这样的教师即使很有才华,也很难获得学生的尊重和认可。只有当教师把对学生的尊重、关爱转化为具体的礼仪行为,表现在教学以及与学生交往的过程中时,才能在学生的心目中树立起良好形象。

在现代生活中,每个社会成员都在有意无意地通过自己的仪表服饰传递着一定的信息,这些信息或反映社会的风尚、民族的传统习俗,或体现内在的情感世界、文化审美素养,有的则能反映出社会的经济生活水平和科学发展水平,同时它又要受到各种因素的制约,并随之发展和进步。因此,仪表服饰礼仪作为一种直接诉诸人们视觉形象的非语言手段,其功能也是异常显著的。教师重视仪表。注意选择与交往环境、社交场合相适应,与自己地位、身份相符合且与交往对象相称的服饰衣着,既是对自己形象美的塑造,也是对别人尊重的表现。得体的仪表服饰既能充分显示教师的外表风度美,同时又能表明教师对交往活动的重视,这一切非常有利于教师形象的建立。

良好的姿态是教师礼仪形象塑造功能的又一项重要内容。有关经验证明,即使一个教师长得很美,但姿态若不好,其外在美也会受到破坏。对教师姿态美的总体要求是古人形容的"站如松、行如风、坐如钟"。除了站、行、坐的姿态要养成规范的习惯外,手的动作也要注意。谈话时,用手指向对方指指点点是不礼貌的举动;在与人交往的场合,轻易地响指使人觉得缺乏教养。神态方面,眼神是神态的重要内容。在与学生交往中,教师的眼神应该自然、温和、稳重,使学生感到亲切而易信赖。

礼仪对于教师形象的塑造功能还表现在良好的气质对教师精神风貌的影响。气质和风度不是靠一身华贵的服装就能够打扮出来的,而主要取决于教师广博的学识和丰富的阅历,正所谓"腹有诗书气自华"。教师要在与他人的交往中表现出开朗、达观、尊重、谦逊、友好、体谅、机敏、聪慧的精神风貌,这样的人格形象才富有魅力。外表举止文雅、态度端庄、表情自然、微带笑容,是通常情况下都受欢迎的形象。

二、维护教师的职业尊严

前苏联教育家马卡连柯曾经说过,以轻蔑和傲慢的态度来对待自己的学生,就会使学生跟自己疏远,因而破坏教师自身的威信,而没有威信就不可能做一个教育者。学生丧失了对教师的信任,必然抵消教育的效果。有的学生不喜欢某门课程的原因并不是课程本身存在什么问题,很多情况下是由于不喜欢任课的教师。要使学生接受教师的教育,首先要使学生从情感上接受教师,这是教育中带有规律性的一个问题。在这个问题上,有些教师存有片面的认识,他们以为知识渊博就是一个好老师,板起面孔才能维护教师的职业尊严,其实恰恰相反。一个学生到美国参加营地学习,回国后谈自己的感想时说:"我想当教育部长。"当有人问他:"假如你是教育部长,你会做些什么呢?"他说:"废除应试教育,开除所有不会微笑的老师!"在一次教学评估会上,某学校的学生给教师提出的意见和要求是:"希望老师讲课要面容和蔼,常带微笑,注意服装整洁。"由此可见,教师得体的仪表、优雅的举止、和蔼的态度,都是维护其职业尊严所不可或缺的内容。

三、协调教师的人际关系

　　促进人际关系的沟通,改善师生关系是教师礼仪的又一重要功能。教师与同事、学生、家长之间交流时,要讲究礼仪。因为只有讲究礼仪,共同用礼仪来规范彼此的交际活动,才能更好地表达对对方的尊重之情,增进相互之间的了解和友谊。如果不讲究礼仪,即使教师心里很尊重对方,想得到对方的好感,也不会给对方留下好的印象,因为人与人之间的相互观察和了解,一般都是从礼仪开始的。人际关系的融洽离不开一定的情感因素,而一定的情感表达必然要通过一定的礼仪形式。热情的问候、友善的目光、亲切的微笑、文雅的谈吐、得体的举止等,都可以唤起人们沟通的欲望,彼此建立起好感和信任。这些看似不起眼的礼仪形式,就像一条无形的礼仪纽带,拉近了教师与同事、学生、家长之间的心理距离,营造起愉快、和睦的人际关系氛围。

　　社会心理学学者通过大量的实验证明,在交际活动中存在着一种"相似性吸引"的心理现象。也就是说,人们若在文化背景、生活状态、社会地位、职业特长、风俗习惯等方面相接近,就容易在心理上、感情上、行为上趋于融合,产生共鸣和信任,进而凝聚感情并建立起友谊。正因为如此,教师如能懂得不同场合交际礼仪的知识,就更容易与交往对象打成一片,使对方觉得你熟悉他们、理解他们、尊重他们,从而把你当成自己人,乐于和你交往。相反,如果教师不懂得有关的礼仪知识,就有可能被某些社交场合隔离开来,即使参与了进去,也显得与周围的人格格不入。经验表明,有"礼"走遍天下,无"礼"寸步难行,这个"礼"便是礼仪、礼节和礼貌。对于一个粗鲁而没有礼貌的教师来说,一般的人是避之惟恐不及,更谈不上与其主动交往。礼仪知识的学习和礼仪行为的训练,可以使教师在交往活动一开始就比较顺利,就能引起对方的注意,并进一步将这种注意转化为对教师人格的良好想像,从而在交往双方之间建立起一种信任,形成良好的对话气氛,使交往双方从心理上接受有关交往内容信息的传递,保证交往活动的进行,如彬彬有礼的谈话方式经常能起到事半功倍的作用。要使语言文雅优美,教师就必须做到说话和气、态度谦虚谨慎,并善于认真倾听。此外,若能注意到谈话时的多边关系,那么就能通过语言进行多方的思想交流,增进相互了解,使人际交往产生协调和谐的效果。相反,粗野、恶俗的语言,既伤害人心,又败坏社会风气。俗语说:"良言一句三冬暖,恶语伤人六月寒"便是这个道理。

四、完善教师的人格

礼仪对于教师人格的完善具有重要作用。著名心理学家阿尔波特雷曾提出六条健康人格的标准:①具有自我广延的能力,这种人有许多朋友、许多爱好,能积极参加各项社会活动;②具有与他人热情交往的能力,这种人能够和他人建立起亲切温暖的关系;③在情绪上有安全感并且能够接受自己;④在知觉、思想与行动上能够充分配合外界,不加歪曲;⑤有自知之明,对自己的长处和短处有一种客观的了解;⑥有一致的人生哲学。可以看出,健康人格标准和现代礼仪要求有许多一致的地方,或者说良好的礼仪教育和礼仪修养将有助于教师达到健康人格标准。

得体的仪表、优雅的举止、和蔼的态度,不仅能够充分展示教师的个性风采,有助于教师才能的发挥和获得学生的尊重和好评,而且能够增强教师的人格魅力。有位学生在评价自己的老师时是这样说的:"老师着装得体,举止言谈大方、适宜,性格开朗、热情,真诚地对待每一位学生。走上讲台带着真诚的微笑,吐字清晰,用词准确,且嗓音洪亮、铿锵抑扬,使我们听得真真切切。我深深地为您的谈吐和学识所折服。作为一名优秀教师,您已超越了职业限制,已完全把教学作为人生的一大乐事,不只是传道、授业、解惑了。在教学中您教会了我们如何做人,如何做一名高尚、完善的人。我喜欢上您这样的课。"可见,良好的礼仪修养有助于教师人格的完善和教育目标的达成。

五、加快教师的事业成功

教师只有讲究礼仪,才会有良好的人缘。良好的人缘,会给教师提供信息,提供机遇,加快教师的事业成功。现代教育心理学理论认为,只有在教育者与被教育者双方心理需要相"吻合"、"心理交流"相沟通、"心理相容"的条件下,才能顺利达到教育的目标。亲其师,才能信其道。如果学生觉得教师理解他们、信任他们、关心他们,他们也会理解教师、尊敬教师、信任教师,进而敞开心灵的大门,接受教师的教导,听取教师的见解,把教师所传授的价值观念、道德标准、文化知识接受下来,并转化为自己成长、发展需要的内在信念和意志,用以指导自己的行为。所以,要使教育富有成效,教育者和受教育者之间必须实行有效的沟通,建立起师生间"心理相通"的教育渠道。如果教师在教育教学中,不讲究礼仪,教育态度、教育方法没有人情味,目中无"人",全然没有学生的个性和尊严,对学生无兴趣、缺乏理解、爱护和应有的尊重,教育方式呆板、生硬,违背学生身心发展规律,则会导致教育教学的失效,成为教师事业成功的绊脚石。

六、促进学生的健康发展

教师遵守礼仪规范能有效地使学生在心理上产生一种被尊重、被理解的良好情感体验,使教育者与被教育者的关系变成带有心理亲和力的友谊交往,从而促进学生的健康发展。教师符合礼仪要求的行为举止,常以潜移默化的方式影响、教育着每一个学生,使他们在无意识模仿之中逐步形成尊重他人、与人为善的道德品质和良好的行为习惯。教师讲课面带微笑,衣着整洁,姿态优雅有风度,语言举止文明有礼,与学生说话时亲切和蔼,还能激发学生的学习积极性和参与教学的热情。反之,会使学生丧失学习的兴趣和积极性。有位学生在谈到这个问题时说:"老师走上讲台一脸厌倦的神色,面部表情呆板,姿态松懈,让我们一看心里也顿时泄了劲。"

学生的自尊、自信是靠他人的尊重来维持的,特别是教师。其实不只是学生,根据马斯洛的需要理论,获得社会、他人承认和尊重是人类普遍的心理诉求。教师过于严厉、粗暴的批评与训斥,不负责任的冷嘲热讽,首先摧毁的是学生的自尊和自信。一个涉世不深、对人生与社会缺少深刻理解和认识的青年学生,一旦丧失了做人的尊严和自信,对他们自己以及社会意味着什么,每一个有职业良心的教师都应该是清楚的。全国著名优秀教师魏书生的教育经验中,极为重要的一条就是把对教育的忠诚,对学生的爱,化为尊重学生的具体实践。他从未严厉、粗暴地批评训斥过学生,而是通过"优点扩大法"使许多后进生找回了自尊,找回了自信,走上了健康发展的道路。

第二章

教师仪容礼仪

仪容礼仪概述

仪容,主要是指一个人的容貌。它主要包括面部、头部、颈部、手部等直接裸露在外的部分。在教育活动中,每个教师的仪容都会引起交往对象的特别关注。仪容礼仪作为教师仪表美的重要组成部分,在教育活动中起着举足轻重的作用。修饰得当的仪容,看上去精神焕发、神采飞扬,具有自信与敬人的双重功效,是教师在教育活动中取得成功的重要因素;修饰不当的仪容,看上去萎靡不振、无精打采,不仅会丧失自信、失敬于人,还极易削弱教育的作用甚至导致教育活动的失败。因此,每一位教师都应十分注意自己仪容的修饰,给学生留下一个温文尔雅、亲切端庄的印象。

教师仪容礼仪集中体现在仪容美,它的具体含义主要有以下三层:

其一,要求教师仪容自然美。它是指教师仪容的先天条件好,尽管以相貌取人不合情理,但先天美好的仪容相貌,无疑会令学生赏心悦目,感觉愉快,给学生一种美的享受。

其二,要求教师仪容修饰美。它是指依照规范与个人条件,对仪容进行必要的修饰,扬其长,避其短,设计、塑造出美好的教师个人形象,有助于树立教师个人威信。

其三,要求教师仪容内在美。它是指教师通过个人努力学习,不断提高自己的文化、艺术素养和思想道德水准,培养出自己高雅的气质与美好的心灵,使自己秀外慧中,表里如一。

因此,真正意义上的教师仪容美,应当是上述几个方面的高度统一,忽略其中任何一个方面,都会使仪容美失之偏颇。在这三者之间,教师仪容的内在美是最高境界,教师仪容的修饰美则是仪容礼仪关注的重点。

对于准教师而言,良好的仪容礼仪需要通过学习教师仪容礼仪的规范,遵照教师仪容礼仪的基本要求,进而自觉坚持学习和演练方能逐渐形成。一般而言,教师仪容礼仪包括教师面部礼仪、教师发部礼仪和教师手部礼仪三个部分。

教师的面部礼仪

面部,又称面孔、脸部、脸面。一般来讲,它所指的是人的头的前部包括上至额头、下到下巴这一部分。人的五官,如耳、目、口、鼻等,均位于面部。面部是教师与领导、同事和学生进行交往和交流时所被注意的重点部位。教师面部礼仪要求教师面部洁净、卫生、自然。

一、教师面部礼仪规范

1. 面部干净

面部干净,即要求教师保持面部清洁、卫生。保持面部干净清爽,公认的标准是要使之无灰尘、无泥垢、无汗渍、无分泌物,无其他一切被人们视为不洁之物的杂质。显然,一名教师在同事和学生面前交谈时,若总是给人以风尘仆仆、蓬头垢面、体味厚重的印象,决不会令人愉悦,甚至会因此让人生厌。

2. 口腔清洁

口腔清洁是教师讲究礼仪的先决条件。教师每天大部分时间是要在学校与学生进行面对面的交流的,如果张口说话时露出满嘴黄牙,同时还喷出浓重的大葱、大蒜、韭菜或烟草等异味,将会令人生厌而难以忍受,并想尽快离去。因此,教师应十分重视自己的口腔卫生,保持口气清新无异味,牙齿洁白无龋齿。

3. 形象端正

端庄、俊美、秀丽的容貌使人看上去赏心悦目,即所谓"面善",往往会增进师生之间的互动;相反,如若一个教师在面对学生时容貌猥琐丑陋,令人不堪入目,亦即所谓"面恶",则自己作为教育者的形象会大打折扣。因此,学校在招聘教师时,除重点考查应聘者的专业水平和教育教学能力外,还十分重视其仪容风度,同样的应聘者,在其他条件相当的情况下,容貌等外在形象就成为选聘、任用与否的重要因素。虽然教师不可能个个都是俊男靓女,但至少应当要求其五官端正,面部不存在重要缺陷。

4. 修饰自然

教师为了达到容貌的端庄、美丽、生动,需要适当的修饰,但无论是修饰天生娇好的容貌,还是修饰先天不足的容貌,都不要忘记自然的准则,力求达到表面几乎看不出化妆的痕迹,而给人的印象是干净、自然,极具亲和力。相反,如果不重视这一点,就可能出现"画虎不成反类犬"的尴尬状况。

二、教师面部礼仪要求

1. 干净

要求教师在进行个人面部修饰时关注洁净的问题,主要是优先考虑面容清洁与否。

（1）洗脸。

如果教师脸上经常存有灰尘、污垢、泪痕或汤渍，难免会让学生觉得其又懒又脏。对于教师而言，不仅早上起床之后、晚上就寝之前要洗脸，外出归来、午休之后、劳动之后、流汗流泪或外出碰上刮风下雨之后也要洗脸。坚持以正确的方法勤洗脸，可以促使面部皮肤进行良好的血液循环和新陈代谢，使人精神焕发，充满朝气，而且能够有效地清除滞留于面部的灰尘、污垢、汗渍、泪痕，使人神清气爽。

（2）去除眼角的分泌物。

在正常情况下，俗称"眼屎"的眼角分泌物会不时出现，它给人的印象极其不雅，故应经常及时地将其去除。戴眼镜的教师还需注意及时揩除眼镜片上的多余之物。

（3）去除鼻孔的分泌物。

教师在外出上班前或进入课堂前，要检查一下鼻孔内有无显眼的鼻涕或者其"结晶"，若有的话，必须防患于未然，去除干净。

（4）去除耳孔的分泌物。

在耳孔里，时时常会有分泌物堆积，有时还会落入灰尘。那里虽然不易看到，却不可忘却对其进行"打扫"，使之"一尘不染"。

（5）去除口部多余物。

这是指口角周围沉积的唾液、飞沫、食物残渣和牙缝间遗存的牙垢等。教师在讲课或与他人交谈时，如果嘴角泛出唾液则会令对方作呕，所以必须及时清除。

2. 整洁

（1）剃须。

除了具有特殊的宗教信仰与风俗习惯者之外，男教师一般不宜留胡须。不留胡须，既是为了清洁，也是对他人的一种尊重。因此，男教师最好每天坚持剃一次胡须，必要时，还需增加次数，绝对不能胡子拉碴地去学校。

（2）修剪鼻毛与耳毛。

平时，许多人不把自己的鼻毛与耳毛当作一个问题，那是因为他自己看不到那里，或者从未有过这种意识。在人际交往中，偶尔有一两根鼻毛或耳毛黑糊糊地"外出"，是很会破坏他人对自己的看法的。因此，对此应经常检查,坚持修剪。

3. 卫生

(1)刷牙。

教师坚持每天刷牙,消除口腔异味,维护口腔卫生,是非常必要的。教师要养成平日不吃生蒜、生葱和韭菜一类刺激性气味食物的良好习惯,免得在工作中担心自己说话"带味道",或是使接近自己的人感到不快。

(2)防止面部伤残。

在平日,教师对自己面部的卫生要精心注意,不要在脸上乱抠、乱摸、乱掐、乱挤,使脸上青一块、紫一块,到处生疮、长疖子,伤痕累累。如果患了传染性的面部疾病,如面癣、红眼,或者软疣、痤疮等,一定要遵照医嘱休息治疗,尽早痊愈。

(3)杂物的清理。

痰、鼻涕一类的杂物,要及时"清理",否则说起话来连抽鼻涕带清嗓子,会令学生恶心。清理杂物既然是为了卫生,就要讲究公德,不要随口乱吐、随手乱甩,卫生了自己一个人,却导致了环境的污染,更给学生留下一个"坏"榜样。

4. 化妆

化妆,是一种通过使用美容用品来修饰自己的仪容、美化自我形象的行为。简单地说,化妆就是有意识、有步骤地为自己美容。

教师的化妆,一要美观,否则化妆的效果就适得其反;二要自然大方,否则学生的注意力就不会放在学习上,而是去研究教师当天的装扮。

教师应遵循以下有关化妆的礼仪规范:

(1)化妆的时间。

化妆要视时间、场合而定。在工作时间、工作场合只能允许工作妆(淡妆)。浓妆只有晚上才可以用。外出旅游或参加运动时,不要化浓妆,否则在自然光下会显得很不自然。另外,化彩妆的女教师在某些情况下,常会出现妆容残缺的现象。以残妆示人,既有损自己的形象,也显示对人不礼貌。因此,及时察觉、适时补妆不可忽视。为了避免妆容残缺,化妆后要经常进行检查,尤其在上课之前,出汗、用餐、休息之后,应及时地自查妆容。如发现妆面残缺,要即刻补妆,不要拖延,以免给人留下不良印象。但补妆时,应回避他人,宜选择无人在场的角落或洗手间进行,切勿旁若无人,当众操作。

（2）化妆的原则。

教师在工作岗位上应当化淡妆,实际上就是限定在工作岗位上不仅要化妆,而且只宜选择淡妆。淡妆的主要特征是简约、清丽、素雅,具有鲜明的立体感。它既要给人以深刻的印象,又不显得脂粉气十足。总的来说,就是要清淡而又传神,其原则为:自然、清新、优雅、整体协调。

三、准教师面部礼仪演练

要做到面部干净、口腔清洁、形象端正、修饰自然,准教师在学校日常生活中应坚持不懈、不厌其烦地进行各种细节的修饰工作。

1. 关于面部的清洁

清洗和修护面部可以去除新陈代谢产生的老化物质、空气污染和卸妆的残留物,以及耳、鼻、口中的分泌物,诸如眼角分泌物（眼垢）、耳朵分泌物（耳垢）、鼻孔分泌物（鼻涕）、口角周围沉积的飞沫、牙齿缝间的牙垢和食物残渣等,收到神清气爽、令人愉快的功效。通常早晚各洗一次,但这还不够,在午休、用餐、出汗、劳动和外出之后,都应即刻洗脸。准教师应注意从以下几方面掌握正确的面部清洁和养护的方法。

第一,洗脸时,正确的方法应该是:用温水润湿脸部,取适量的香皂或洗面奶、洗面膏等,从下到上,从中心到周边,沿眼眶、鼻梁用手轻轻揉洗,再从颈部至脸部反复多次揉搓,温水冲净洗面用品,再用凉水冲洗干净。洗脸时要注意清洗脖子、耳朵和眼角,及时清除附着的不洁之物。这一方法有助于保持皮肤的弹性,保持良好的血液循环和新陈代谢。在掌握正确的洗脸方法的同时,针对不同类型的肤质,在洗脸时可以采取相应的措施来弥补自身的不足。例如,干性皮肤者可在浸泡的水中加入几滴蜂蜜,沾湿整个面部,用手轻轻拍干。每晚反复做2~3次,便能滋润面部,使之光滑细腻。

第二,清洁口腔,要坚持每日早晚用牙刷沿牙缝上下、前后刷牙。利牙可以减少口腔细菌,清除口腔异味,清除牙缝里的积物,防止牙石疾病。常规的牙齿保洁应做到"三个三",即三顿饭后都要刷牙,每次刷牙的时间不少于三分钟,每次刷牙的时间在饭后三分钟之内。另外,在学校时尽量不喝酒、不抽烟、不喝浓茶、不吃带有刺激性异味的食物（如大葱、大蒜、韭菜等）,避免口腔出现异味。

2. 关于面部的修饰

面部是容貌修饰的最重要部位,也是化妆的关键部位。面部化妆必须根据面部的不同特点选用相宜的化妆品,才能达到扬长避短、突出自然美、体现化妆美的效果。

(1)了解面部的特点。

面部修饰美的前提和基础,是人们常说的"五官端正"(即耳、眼、鼻、口要协调匀称),达到"三庭五眼"的比例。三庭是指上庭(从额头的发际线到眉线)、中庭(从眉线到鼻底线)、下庭(从鼻底线到颌底线)这"三庭"的长度相等。"五眼"是指从正面看,右耳孔到左耳孔之间的脸部横向距离正好相当于自己五只眼的宽度。一个人的脸形如果符合这个比例就会产生匀称感;如果不符合,就要通过化妆,动用一定的化妆技法进行调整弥补。

(2)选用适合的化妆品。

市场上的化妆品种类繁多,大致可分为两大类,即基础性化妆品和修饰性化妆品。基础性化妆品是指保护皮肤、净化皮肤经常使用的化妆品,如冷霜、乳液、膏霜、化妆水、香皂、洗面奶、沐浴露、洗发水、护发素等。修饰性化妆品是指美化修饰用品,如眉笔、口红、眼线笔、眼影、脂粉等。

选用化妆品时,除了根据用途以外还要注意以下几点:

①根据自己的肤色尽量选用相近色彩的化妆品。

②根据自己皮肤的性质选用相宜的化妆品。油性皮肤,面部油亮光泽,肌纹粗毛孔明显,易生粉刺,但不易起皱纹,宜选用使皮肤表面清洁的化妆品,如粉状粉底;干性皮肤,外观洁白细嫩。油脂分泌量少,毛孔不明显。不易长粉刺,但脸部无光泽,易起小皱纹,应选含有保湿成分的化妆品,如液状粉底;中性皮肤也称正常皮肤,油脂分泌量适中,皮肤表面油滑滋润,富有光泽,是比较理想的皮肤,可选择中性化妆品;混合型皮肤,额头、鼻子、下巴部位偏油性,其他部位偏干性,可混合使用适合油性和干性的化妆品。当然,随着季节和年龄的变化,皮肤的性质也会有所变化。一般在夏季皮肤普遍偏油性,冬季皮肤偏干性,皮脂分泌量相应减少。随着年龄的增长,皮肤的油脂分泌会逐渐减少,年轻时呈油性或中性皮肤,中年以后会逐渐转向中性或干性皮肤,并出现瑕疵,这时可选用膏状粉底等相宜的化妆品。

③不要频繁更换化妆品。在品牌的选择上,尽可能选择以植物原料为主、有一定知名度、比较成熟的品牌,同时要注意尽可能用适合于自己的同一

品牌的系列产品。这样,可以避免使用不同化妆品而产生细微不适反应。

（3）掌握化妆的基本技巧。

①女教师化妆的步骤与技巧。

第一步:洁面护肤。根据肤质选用洗面奶清洁面部和颈项皮肤,水温不宜过高,可以早上用冷水,晚上用热水清洗。洁面后,涂上护肤类化妆品,如乳液、护肤霜、美容霜等。涂抹时要打圈按摩,一可润泽皮肤,二可起隔离作用,防止带颜色的化妆品直接进入毛孔,形成色素沉淀。

第二步:上粉底霜。粉底霜的颜色一定要匹配自己的真实肤色。上粉底霜的手法是将粉底抹在额部、鼻梁、两颊、下颌等处,由上而下均匀地涂抹整个面部,以使皮肤细腻、柔润。

第三步:施定妆粉。粉底霜上好后,可用粉饼蘸少量香粉由上而下均匀地轻轻抹在面部,起到定妆的作用。

第四步:修饰眼部。首先,要对着镜子设计与整个面部相协调的化妆眼睛的方案。其次,画眼线以增加生理睫毛的合理浓密程度,增强眼睛的神采。画眼线的原则是:宽形脸,眼线短粗;瘦长形脸,眼线细长。画眼线的方法是使用眼线笔紧贴睫毛由外眼角向内眼角方向描画,上眼线比下眼线重些。以一只眼睛的长度为准,上眼线从外眼角向内眼角画7/10长。再次,涂眼影以表现眼部结构的整体风格。涂眼影时,贴近睫毛的眼角部位要重些,然后用眼影刷轻轻扫开去。注意眼影色彩应与面部整体色彩相协调。最后,卷翘睫毛使眼睛更多地受到光线照射而显得更加明亮。具体方法:用睫毛夹夹住睫毛卷压片刻,使睫毛向上翘立,从而扩大眼睑的弧度,使反射光与黑眼珠对比形成闪动的亮光,让眼睛看起来更加有神。

第五步:描画眉毛。眉毛的生长规律是两头淡,中间深;上面淡,下面深。标准的眉形是在眉毛的2/3处有转折。描画修饰出一个理想的眉形,一般有下列几个步骤:a. 修整眉毛。用小眉刷轻刷以除去粉剂及皮屑,用镊子拔去杂乱无章的眉毛,然后用棕色或黑色的眉笔顺着眉毛的方向轻轻描出适合自己眉形的线条。b. 用眉笔根据自己的脸形修饰,使之接近于标准眉形。直线形的眉毛,可使人的脸形显得短些,给人以娴静之感;弯形的眉毛,可使人的脸形显得稍长,使人显得温柔、甜美。c. 用小刷子随着眉毛生长的方向轻轻梳理,使眉毛保持自然位置。

第六步:涂刷腮红。面颊是流露真情实感的部位,是显示健康微笑的焦点。面颊红润,会给人留下生气勃勃、精神焕发的印象。为了使妆后的面颊显得自然红润,略施胭脂时,应从面颊下半部(即腮帮)涂刷腮红。具体注意事项是:a. 涂刷腮红时,应以颧骨部位为中心向四周扫匀,越来越淡,直到与底色自然相接。b. 涂刷腮红可以用来矫正脸形。圆脸形的人,腮红的形状是长条形的。刷子竖扫,以减弱胖的感觉;长脸形的人应涂得宽些,刷子横扫,以增加胖的感觉。c. 关于腮红的颜色,白皮肤的人,可选用淡一些、明快一些的颜色,如浅桃红;皮肤较黑的人,腮红可以深一些、暗一些。

第七步:涂抹口红。嘴唇是人身上最富于表情的部位。理想的唇形为唇线清楚,下唇略厚于上唇,大小与脸形相宜;嘴角微翘,富于立体感。为达到理想的唇形,可以采用涂抹唇膏或口红的方法,具体程序是:a. 清洁嘴唇。b. 用唇线笔或唇刷勾出理想的唇廓线。其方法是从嘴角两边向中央描,先描好上唇的唇山、唇谷轮廓,再描下唇轮廓,线条要柔美,形状要丰盈。c. 用唇刷或唇笔按照从上唇到下唇,从嘴角向唇中方向涂抹口红,用色比轮廓色稍淡些,按唇纹填涂,再用纸巾轻按唇部,使口红不会渗开。

②不同年龄女教师的化妆技巧。

一是年轻女教师的化妆。年轻女教师妆容的特点是自然,给人以青春朝气和不加修饰之感。在化妆时宜突出两颊和嘴唇处,不宜描、涂眼影和涂较夸张的粉底。在技巧上,应清淡自然,似有似无,切忌浓妆艳抹,失去自然美。清新、自然是年轻女教师化妆的目标。

二是中年女教师的化妆。中年正是保青春、延缓衰老的关键时期。这一时期的女教师除要注意皮肤的保养外,还应借助化妆留住青春。中年女教师化妆的原则是淡雅。具体操作时,应视五官不同情况强调优点,掩饰缺点。选择稍带粉红色调的粉底,以增添面部的青春气息。香粉则应选淡紫色调的,可令皮肤色泽更柔和白皙。涂搽胭脂时,宜面对镜子做微笑状,找出脸颊鼓起的最高处施以胭脂,胭脂的色调宜与自然肤色相近,以求淡雅效果。

三是中老年女教师的化妆。由于中老年女性面部普遍布有皱纹。因而化妆重在掩饰。可选用稍暗色调的粉底,在有皱纹的地方轻轻涂抹,应沿着皱纹纹路的起向轻涂,垂直涂抹粉底会使之存留于皱纹之中,使皱纹更为明显。为进一步掩饰皱纹,必须降低皮肤亮度,所以应用质地好、细腻的香粉扑面。中老年女教师的化妆宜突出自然、优雅之感。

③男教师的面部修饰技巧。

一是耳朵的修饰。耳孔里，不仅有分泌物，还有灰尘，要经常进行耳部的清洁。不过一定要注意，这个举动绝对不应在课堂进行。如果有耳毛的话，也要及时进行修剪。

二是眼部的修饰。眼部是被别人注意最多的地方，所以时刻要注意眼部的清洁，避免眼屎遗留在眼角。有些男教师喜欢戴墨镜。墨镜主要适合在外活动时佩戴，以防止紫外线损伤眼睛。体育教师在教室外上课时忌戴墨镜。在社交场合、室内最好不要佩戴墨镜。

三是牙齿的保洁。保持牙齿清洁，首先要坚持每天早晚刷牙。不要敷衍了事，应该顺着牙缝的方向上下刷，牙齿的各部位都应刷到。如果牙齿上有很明显的不易去除的牙垢，或是牙齿发黄，可以去医院或专业洗牙机构洗牙，使牙齿看起来更加洁白、健康。不吸烟、不喝浓茶是防止牙齿变黄的有效方法。

四是鼻部的修饰。早晚洁面时注意清洁鼻子。特别是经过较长时间在室外上课的体育教师，更要注意清洁鼻子内外，起码不要让人看到"乌溜溜"的鼻孔。忌当众用手去擤鼻涕、挖鼻孔，乱弹或乱抹鼻垢，更不要用力"哧溜"、"哧溜"往回吸，那样既不卫生又让人恶心，一定要在没有人的地方清理，用手帕或纸巾辅助进行，还应避免响声太大，用完的纸巾要自觉地放到垃圾箱里。平时还要注意经常修剪鼻毛，不要让它在外面"显露"，也不要当众揪拔自己的鼻毛。

五是胡须的处理。每天必须刮干净胡子。剃须的部位易出现暗疮者，在剃须的时候可以采取一些必要的措施，如剃须前使用专用剃须泡沫，剃须后涂抹一些具有收缩作用的须后水。或者使用含有椰子油的剃须膏，令胡子柔软易剃。

教师的发部礼仪

当每一个人为他人所注视时，其头发大都是被注视的重点中的重点。良好的发型可使人仪表端庄显得彬彬有礼，蓬头散发不只是对自己的不尊重，也是对别人的不礼貌。头发处于人体的"制高点"，其干净、整洁与否往往是他人一目了然的，而且也是他人视线最先注意到的地方。作为教师，应当像重视自己的服饰一样，对自己头发的干净与整洁程度给予高度的重视。

一、教师发部礼仪规范

教师在头发方面的礼仪规范是干净整洁、发型适度、美观大方。

1. 干净整洁

干净整洁就是使自己的头发保持清洁、卫生、光亮,没有头皮屑,没有异味。每日将头发梳理到位,不能蓬松凌乱。

2. 发型适度

教师是一个特殊的职业,不像演员、体育明星、艺术家那样,可以发型怪异。对于教师而言,选择发型的自由度就要小得多。对男教师来讲,头发长度以 6 厘米左右为最佳。具体而言,就是前面不超过额头,后面不超过衣领,两侧不遮挡耳朵。当然,自然的谢顶、秃顶等情况除外。头发太长或太短都不适合在学校的特殊环境中出现。对女教师而言,发型的限制相对宽松一些,高雅大方的烫发、时髦利索的削剪都是不错的选择。但怪异新潮的发型不宜,过分夸张不自然的染发不宜,大型花哨的发饰不宜。

3. 美观大方

发型要做到美观大方,就要与自己的脸形、体形、性别、年龄相配相符。

二、教师发部礼仪要求

教师头发要符合以上礼仪规范,就应当遵守以下具体要求:

1. 勤洗头发

要做到头发整洁干净,需要教师养成勤洗头发的好习惯,通过定期勤洗头发,使之无异味、无异物。一般情况下,至少做到三天洗一次头发。倘若是油性头发,则应当两天左右洗一次。遇上某些特殊的情况,如刮大风、出汗等,应当随时洗头,而不必拘泥于"定期"。

任何一个健康而正常的人,头发都会随时产生各种分泌物。此外,它还会不断地吸附灰尘,并且与其分泌物或汗液混杂在一起,甚至产生不雅的气味。这类情况一旦出现,无疑会影响到头发的外观。请设想一下,若是一名教师头发看上去脏兮兮的,甚至成缕成片莫名其妙地粘在一起,何人会对他产生好感呢?因此,教师要坚持勤洗头发。

2. 修剪头发

与清洗头发一样,修剪头发同样需要定期进行,并且持之以恒。在正常情况下,教师通常需要每半个月左右修剪一次自己的头发。至少,也要确保每个月修剪头发一次。否则,自己的头发便难有"秩序"可言。

3. 梳理头发

教师不但要修剪头发,而且在头发修剪之后还必须每天对其进行梳理。认真地梳理头发,既可以保养头发,又有助于保持美好的仪容。不注意梳理头发的人,看上去要么一头头发杂乱无章,要么一丝一缕"不守规则"的头发破坏了发部的整体造型,往往只会给人以做事有始无终、大大咧咧的印象。

教师在下述情况下,皆应自觉梳理一下自己的头发:一是出门上班前,二是进入课堂前,三是摘下帽子时,四是下班回家时,五是其他必要时。

三、准教师发部礼仪的演练

1. 头发护理的演练

(1)清洗头发。

头发应当适时清洗。正确的洗发方法是:洗发时,要用指腹轻揉发根,从周边到头顶中心,再从头顶到周边反复按摩、抓洗,洗净后涂上护发素轻揉按摩片刻,清水冲头的时候或从前往后,或从后往前把水捋净。洗完后最好自然风干。

洗发的具体注意事项是:

第一,要注意水的选择。洗涤头发,宜用大约在40℃左右的温水。水温过低或过高,都对头发有害而无益。尤其要注意水质,各种矿泉水,包括含碱或含酸过多的矿泉水,均不宜用来洗头。

第二,要注意洗发剂的使用。目前,市场上的洗发剂品牌很多,在选用洗发剂时,除了要使之适合自己的发质外,还应使之具有去污性强、营养柔顺头发、刺激性小、易于漂洗等优点。采用洗发剂洗头,一定要将其漂洗干净。

第三,要注意头发的变干。洗头之后,最好令其自然晾干。此种做法,最有益保护头发。若打算令头发迅速变干,可以用电吹风将其吹干,但其温度不宜过高,否则会损伤头发。

(2)梳理头发。

梳理头发不仅能使头发整齐美观,而且也是一种健美运动,可以促进头部的血液循环,使头发根部的营养输送到发茎、发梢部分,保持头发的光泽和柔软。坚持每日梳头50～100次,持之以恒,对头发大有益处。

在梳理头发时需注意以下三点：

第一，要选择适当的工具。梳理头发，不宜直接使用手指抓挠，而应当选用专用的发梳、刷等梳理工具。其主要标准是不会伤及头发、头皮。在外出上班时，教师最好随身携带一把发梳，以备不时之用。

第二，要掌握梳理的技巧。梳理头发，不但是为了将其理顺，使之成型，而且也是为了促进头部的血液循环与皮脂分泌，提高头发与头皮的生理机能。要做到这一点，就必须掌握必要的梳理技巧。例如，梳头时用力要适度，用力不宜过重过猛；梳子与头发可形成一定的角度，以促使头发的形状起伏变化；梳子应向某一个方向同向运动，不宜一再循环往复；等等。

第三，要避免公开的操作。梳理头发是一种私人性质的活动。他人所了解的，应当是其结果，而不是它的过程。若是"当众理云鬓"，在外人面前梳理自己的头发，使残发、发屑纷纷飘落的情景尽落他人的眼底，是极不文明的。

（3）按摩头部。

按摩头部是增进头发健康的重要手段。按摩的正确方法是：将十指分开，从前向后作环状揉动，反复多次。按摩后会产生头皮发热和紧缩的感觉，有利于促进头部的血液循环，促进头发生长，防止头发脱落。

（4）季节护理。

春天是头发生长最快的季节，但因新陈代谢旺盛，头发中的水分易蒸发，此时应注意护理头发，适当增强营养。夏天出汗多，应勤洗头，外出时应在头发上涂抹防晒的护发素、橄榄油或戴遮阳帽，以防止强光损伤头发。秋季气候干燥并转凉，头皮屑多，易脱发，因此，要多使用护发品加强护发。冬季气温低，头发新陈代谢也会减弱，应减少洗头的次数，给头发补充营养，并适当按摩头发。

（5）体内调养。

头发养护除了外部焗油，还需做到心情愉快，营养平衡，睡眠充分，教师应学会饮食调理，通常含有叶酸、泛酸和维生素A、B、E等成分的物质，能促进头发的生长。因此，平时应多吃一些富含蛋白质、铁、钙、锌和镁的食物，如鱼类、贝类、橄榄油和坚果类，都有改善头发组织、增加头发弹性和光泽的功能。

2. 发型选择的技巧

（1）发型要与脸形相协调。

从脸形上来讲,椭圆形脸(俗称标准脸形)可选任何发型。圆形脸的,发型应尽量向椭圆形靠拢,额前头发要高起来,两侧的头发要服帖。方形脸的发型应使脸形趋于圆形,故发型不要有棱角,用额前的刘海儿遮住前额,两侧的头发可以稍长一些。长形脸的发型可适当用刘海儿掩盖前额,一定不可将发帘上梳,头缝不可中分,尽量加重脸形横向,使脸看上去丰满些。三角形脸的发型应尽量增加额头两侧头发的厚度,采用侧分缝来掩盖狭窄的额头;如果是倒三角脸,则发型应尽可能隐藏过宽的额头,增加脸下部的丰满度。菱形脸的发型应使两侧头发加大厚度,用刘海儿遮住前额。

(2)发型要与体形相协调。

对于女教师来说,瘦高形身材不宜留短发,或者把头发高盘头上,一般适宜留直发、长发;矮小形身材不宜留长发、披肩发,适宜短发或盘发,给人一种增加体高的精神活泼的感觉;高大形身材的发型适宜留直发或大波浪的卷发、盘发;矮胖形身材适宜随便一点儿的运动式发型或盘发等。

(3)发型要与性别、年龄相吻合。

从性别、年龄上来说,男教师不宜留长发,女教师的发型不可过短。发型要与年龄相协调。通常,年长的女教师发型要求简朴、端庄、稳重,给人以温暖可亲的印象;年轻的女教师要注重整洁、美观、健康、大方,适宜短发、扎辫、盘发等。

(4)发型要与季节相一致。

夏天气候炎热,为了凉快、舒畅,一般以短发、梳辫或盘发为宜。春秋气候宜人,温暖舒适,发型选择往往较为随意,长短皆宜。冬天气候寒冷,衣服穿得较厚,衣领也较高,通常留长发显得既保暖又美观。

教师的手部礼仪

对于教师而言,手可谓是其第二张面孔。在教师的仪容仪表中,手占有重要的位置,在教育教学活动中随时随地都需要用手,如办公室伏案写字、课堂板书、课余时间给学生辅导等。手伸出去就会给人一种很强的印象,并且与教师的整体印象密切相关,反映这个教师的修养与卫生习惯。所以,对于教师而言,手部清洁与养护同样不可忽视。

一、教师手部礼仪规范和要求

对教师手部的礼仪规范具体要求有四点:清洁、不使用醒目甲彩、不蓄长指甲、腋毛不外现。

1. 清洁

在日常生活中,手是接触他人和物体最多的地方。从清洁、卫生、健康的角度谈,应当勤洗手。饭前便后、外出回来及接触各种东西后,都应及时洗手。经常保持手部干净卫生,除了常洗手外,还有指甲缝一定要清理干净,不得留有残物。

2. 不使用醒目甲彩

对教师而言,要求其整体形象优雅含蓄,涂抹甲彩是不允许的。女教师如用指甲油,应选用与肤色统一或透明的指甲油,不应使用其他颜色,或在指甲上描绘图案。

3. 不蓄长指甲

男女教师均不得留长指甲。指甲应经常修剪,以不过指尖为标准,不得在他人面前修剪指甲。

4. 腋毛不外现

在他人面前,尤其是在外人或异性面前,腋毛是不应为对方所见的,否则,视为无礼。女教师在夏天穿无袖衫时要特别注意这一点。

二、准教师手部礼仪的演练

准教师在进行手部礼仪演练时应把重点放在手部的清洗与修护上。

1. 手部的清洗

每个人的手是与外界进行直接接触最多的一个部位,教师就更加突出,所以非得勤洗不可。洗手,不应只是在饭前便后,更应当是在一切有必要的时候(尤其是下课后)。清洗后的手臂,要确保无泥垢、无污痕。除了手部的烟迹必须根除以外,其他一切碍眼的痕迹,如手上所沾的墨水、印油、粉笔灰以及其他色彩,均应将其洗得一干二净。

洗手有"五步法":

第一步:双手相合对搓,约*1分钟*。

第二步:指缝交叉搓洗,约*1分钟*。

第三步:握洗拇指,约*1分钟*。

第四步:搓洗手背,约*1分钟*。

第五步:五指并拢,在另一只手的手掌心中搓洗指甲缝。

2. 手部的修护

（1）指甲的修剪。

对于教师来说，蓄留过长的指甲，只会让别人感到自己的手部不清爽。试想，当一个教师的手指甲缝里乌黑一团时，会给人留下怎样的印象。所以，教师要养成"三天一修剪，每天一检查"的良好习惯，并且做到坚持不懈。

指甲应修剪成椭圆形，因为过尖的指甲形状会削弱指甲的韧力而变得易折断。剪完指甲后，应用小锉刀将指甲边缘修饰光滑，绝不可以用牙齿去直接啃自己的指甲。

要及时地除去指甲沟附近的"暴皮"。去除"暴皮"，要用剪子或指甲刀，不要用手去撕扯，以免指甲沟附近伤痕累累。

（2）手的养护。

手的养护应从以下几个方面进行：

①常备润手霜。手背上皮脂腺很少，肌肤易变得干燥粗糙，每次洗手后及时涂上润手霜，可以补充水分及养分。特别注意在用清洁剂做完家务后，需用柠檬水或食醋水把残留在手上的清洁剂里的碱性物质洗净，再抹润手霜。另外，选择润手霜时还应注意：如果手背肌肤有紧绷的感觉及少许细纹，宜选用一些性质较温和、含甘油的润手霜；如果肌肤出现瘙痒、脱屑等敏感性的症状，宜选用含有薄荷、黄春菊等舒缓成分及矿脂、甘油等滋润剂的润手霜。

②做一些简单的手指操。闲暇时不妨模仿弹钢琴的动作，让手指一曲一张地反复活动；也可使手攥紧后张开，如此一张一合快速进行数次，可以锻炼手部关节，健美手形。

③调理好日常饮食。平日应充分摄取富含维生素 A、E 及锌、硒的食物，如绿色蔬菜、瓜果、鸡蛋、牛奶、海产品、杏仁、胡萝卜等，以避免肌肤干燥。除此，还应注意钙、铜等营养素的摄入，因为身体一旦缺钙、缺铜，就会引起指甲无华、脆弱易折断而影响双手健美。钙含量高的食品有奶类、豆类制品、海产品等，富含铜的食品有动物肝脏、贝类、坚果类、豆类制品及深色蔬菜等。

④定时按摩双手，以促进血液循环，防止手部浮肿。按摩时最好涂上按摩膏或橄榄油，其方法为：以一手拇指和食指抓住另一手的手指两侧，轻轻从指根拉到指尖。每根手指各做 2～3 次，左右手交替进行。

教师言谈的基本礼仪

　　语言是表达思想、进行交流的主要工具,言谈是人们进行交流的最主要方式,是人际交流中重要的沟通手段,在生活中具有不可替代的作用。中国民间有一句俗语:"良言一句三冬暖,恶语伤人六月寒。"说明言谈在交往中的重要作用。"酒逢知己千杯少,话不投机半句多",说明人类重视言谈带来的感觉。常常只是一面之交、只言片语,就将对方划入朋友或敌对范围。师者,传道授业解惑也。教师承担着教书育人的重任,所开展的各项工作都离不开语言表达。教师要具备良好的言谈技巧,要善于根据具体的谈话情景,针对具体的谈话对象,说出合乎交际场合的语言,说出让交际对象满意的语言,更应注意表达语言时应遵守的礼仪礼节,这样才能顺利地开展各项教育教学工作。

　　言谈是一门艺术。它和所有的艺术一样,也可以通过经验和实践而得到提高。经验非常重要,因为融洽交谈的最大障碍就是羞怯。即使是最有知识的人,遇到陌生人时也会难以开口。书信可以先打草稿,反复修改,直至满意;而谈话则是随口而出,说错了也无法收回。一个擅长谈话艺术的人,首先应该使人轻松自如,毫无拘束。在呆板做作的气氛中,谈话很难流畅活跃。一旦掌握了使谈话轻松自如的艺术,也就有了愉快流畅的谈话。没有什么能比真正融洽愉快的交谈更能使聚会气氛快乐怡人的了。

　　在正常的人际交往和社交中,交谈是必不可少而且是十分重要的。同样一种意思,话有三说,语言有美丑、文野之分别。恭敬有礼的话语温暖人心,能提高语言的交际效能,美化人的生活;恶语伤人、语言粗野、强词夺理不仅伤人的心,而且会败坏社会风气,使人与人之间冷淡、刻薄起来。作为教师,在平时谈话过程中,更要注意以下基本的谈话礼仪:

　　第一,谈话时态度要诚恳、自然、大方,言语要和气亲切,表达要得体。谈话时双方要互相正视、互相倾听,精力要集中,不能东张西望或兼做其他事情,也不要做一些不必要的小动作,如玩弄指甲、摆弄衣角、搔痒痒、抓头皮等,这样做不仅失礼,也使自身显得猥琐。谈话中打哈欠、伸懒腰或不等人说完,视线和注意力就转向他方也是不礼貌的。

　　第二,要注意听取对方谈话,以耐心鼓励的目光让对方说完,自己不时应以"噢……唔……是吗……"等语陪衬。对方在讲话时不要轻易打断或插话。不管对方态度或谈话内容,中间插话打断、抢话头等行为都是不礼貌的。插话如果违背了对方原意或插得不着边际,则明显表示出不尊重的味道。如果因未听明白或欲了解情况而必须插话,应先征得对方同意,如用这样的方式:"请等等,让我插一句。""请允许我打断一下!""请让我提个问题,好吗?"这样可以避免使对方感到你轻视他或不耐烦之类的误解。话听不明白就下结论,在违背别人原意的情况下就发表你的意见是粗鲁无礼的,常常会引起争执而导致不欢而散。

第三,对长辈、师长、上级说话,要分别注意以相宜的礼貌表示尊重,但要保持人格平等;对下级、晚辈、学生说话,则要注意平等待人和平易近人。男女之间谈话要注意文雅,对不熟悉的异性不能开过分的玩笑。公众场合言谈和举止要文明,说话要文雅有度,不能油腔滑调,也不能旁若无人地高谈阔论、大声说笑。

第四,谈话时不可用手指指人,可做手势但不可幅度过大,指手画脚也是失礼的。大惊小怪,过分紧张,失言失态都是不礼貌的。谈话绝不可以刻薄尖酸,不可以喋喋不休,也不可以一言不发。谈话时不可以表现出无事不知、无事不晓的"万事通"的姿态,这会使人对你敬而远之。

第五,如果你同时与几个人在谈话,要当好主角。不要把注意力只集中在你感兴趣的一两个人身上,而要照顾到在场的每一个人,冷落了任何一个人都是失礼的。倾听别人谈话时,除注意正在说话的人以外,目光也要适当照应一下其他人,交换一下目光,要尽量启发不爱说话的人并使他开口。启发时不要用提问的方法,这样会使其更难开口。要用一些使其便于开口的话题,如:"记得上次我们在公园见面怪有意思的。"而不是这样启发:"我们是上个月在公园见面的吧?"这样,他除了回答一个"是",还能说什么呢?

第六,当碰到意见不一致时,应保持冷静,或一笑了之,或回避话题。如果是一件非说清不可的事,一般应在肯定对方意见中正确的部分,或替对方找出客观理由后,再以委婉或商量的口气说清楚,不要直说"你不懂"或"你不知道"等。

第七,在闲聊时,男教师不要插入女教师圈内谈话,也不要与女教师长时间攀谈或耳语而引起别人的侧目。

第八,不可出言不逊、强词夺理,不可揭人短处,不可谈人隐私,不可背后议论人。更忌搬弄是非,不说荒诞离奇、耸人听闻的事,不搞小广播以充"消息灵通人士"。

教师在交谈时,除应注意上述交谈礼仪外,由于自身的工作特点,平时要接触学生、接触家长、接触同事、接触领导以及一些特殊来访者,教师应针对不同的对象,交谈时注意不同的技巧和礼仪。

教师与学生的交谈礼仪

在学校里,教师找学生谈话的情况很普遍,不管是作为任课教师还是一个班的班主任,和学生交谈,进行心灵情感上的交流是必不可少的。作为任课教师来说,在交谈中可以了解到学生的学习知识掌握情况,还可以对学生提出新的学习要求;作为班主任,与学生的交谈使他们明辨是非,解除疑惑,提高认识,保持积极健康的心理,加强道德修养。但无论出于什么原因,教师找学生谈话时,都应注意自己的言行文明,做到自然大方,音调适中,温和朴实,不强词夺理,不华而不实,切忌语言粗俗,要做到礼貌的周全和用语的妥帖。

一、提前通知,有所准备

上课之前要备课,这是每一个教师都必须做到的,也是每一个教师都十分重视的。与学生进行个别谈话是"课"吗?显然是的,而且思想工作比学科教学更为重要。那么,教师在上这一"课"时,又怎么能够不备好"课"就走进"课堂"呢?因此,教师在与学生进行个别谈话之前,就应该像对待教学那样,认真去备一备课。而这一点往往不为人们所重视。谈话的"备课"与教学相比,有联系但也有区别。教师准备找某一学生谈话,首先,应全面回顾一下该学生德、智、体、美、劳等各方面的情况,确定本次谈话的主要目的和内容;其次,还要针对不同学生的不同情况,合理安排好谈话的思路和方法,加强谈话的针对性。这些便是谈话前"备课"的主要内容。

谈话之前的"备课"是谈话的基础和前提。教师找学生谈话,可能是因为学生犯了某种错误,需要对他进行批评、帮助和教育;也有可能是学生做了好人好事,取得了一些成绩和进步,需要对他进行鼓励、表扬,督促其继续前进等。但无论出于什么原因,谈话最好提前与学生打招呼,这既是一种礼貌,又是对学生的尊重。找学生谈话,不能心血来潮,毫无准备。要确定谈话对象,要真正了解谈话对象。"知己知彼,百战不殆。"谈话前要对谈话对象的思想、心理、问题的原因以及社会、家庭、学习生活环境等心中有数。最好先简要说明内容,让对方有思想准备,然后商定谈话的时间、地点、方式,让对方认可,并对对方的合作表示谢意。

二、热情迎候,师生平等

教师与学生谈话前,要热情迎候谈话学生的到来,应在门前热情迎接,不能在屋里站着不动或在门口谈话,这是对学生的不尊重、不礼貌。与学生谈话时,座位安排及距离要适当注意,要让学生坐在与自己平等的位置上。如果自己高坐其上,或坐在办公桌后,会造成学生的思想压力及心理失衡。谈话结束后,教师也应送学生离去。

教育重在师生间相互信赖,信赖取决于民主平等的沟通。只有尊重学生,才能教育学生;没有尊重,就不可能有真正意义上的教育。教师应该学会"蹲下来跟孩子说话"。师爱的最高境界是友情。师爱的基础条件是平等。在学生心目中,亦师亦友,民主平等,是"好教师"的最重要特征。具有爱心和具有知识,对学生来说,他们更喜爱前者。

青少年学生特别渴求和珍惜教师的关爱。师生间真挚的情感有着神奇的教育效果,会使学生自觉地尊重教师的劳动,愿意接近教师,希望与教师合作,喜欢向教师坦露自己的思想。因此,教师对学生要倾注全部热情,和学生平等相处,以诚相待,给学生亲切感、安全感和信赖感,成为学生的良师益友。只有这样,才能保证与学生谈话取得良好的效果。

三、举止端正,行为有度

与学生谈话时,教师应注意自己的仪表举止,做到服饰整洁、稳重端庄、落落大方。"学高为师,身正为范",教师要身正,这在平时的教育活动中显得尤为重要。其身不正,何以为师?教师是文明的使者、人类灵魂的工程师,作为"授业解惑"之人,更应为人师表,以自己高尚的人格、模范行为来感染、影响并规范学生的行为。谈话时,不能一边说话一边做其他事情,若需接电话,应对学生说"对不起,我接个电话",若有其他教师或学生来访,应说"对不起,请稍候"。谈话的语气要平和,目光要注视对方,赞成的内容应点头示意。与犯了错误的学生谈话,对方如果不接受谈话内容,甚至要态度,教师要有耐心,摆事实、讲道理,不提高音量,不反唇相讥,表现出良好的道德修养。

四、分清场合,合情合理

教师找学生谈话,应仔细选择有利于学生接受意见的地点和场合。如为了进行表扬、商讨或研究工作等方面的谈话,就是在办公室进行也无妨。如果对学生进行批评教育,或向其了解不宜公开的情况,则一般应选择较清静、不引人注意的地方为宜。在这种情况下,采用说"悄悄话"的方式,学生一般会更容易听得进去,更容易接受意见,也更容易畅所欲言。此外,教师的表情、语气、语调要与谈话对象、内容协调一致。慰问、安抚类谈话,既要深沉、严肃地与学生分担痛苦,又要坚定自信,给人以力量和鼓舞;反映问题类谈话,既要细心听取,全面了解,不厌其烦,又要把握政策,以理服人,苦口婆心;工作谈话,既要简单明了,讲求效率,抓住实质,又要态度和蔼,有涵养,不失风度;说明问题、批评类谈话,要先消除对方的畏惧心理,缩小对方的感情差距,然后提出中肯批评,表情一般要严肃、认真。教师与学生进行谈话时,忌言过其实,故意夸大或缩小;忌对学生拉长语调,放慢语速,压低音量;忌传播不利团结或道听途说的事情;忌批评时事实不清,不分场合,尽可能不使学生难堪。这些都是教师找学生谈话时应注意的礼仪。

五、了解学生,因材施教

教师说话要灵活多变,切不可千篇一律,要因人而异、因事而异。学生在思想言行上可能存在或出现的问题多种多样,各不相同。教师只有善于把握不同学生的性格特点和思想状况,分析他们的言行动机,找到问题存在的原因和症结,然后对症下药,方能取得良好的效果。教师应事先把握谈话对象的性格、心理和爱好差异,对那些性格开朗、易于接受批评的学生可直接指出他们存在的缺点和错误;对那些"吃软不吃硬"的学生或性格倔强的学生,要避免顶撞;而对那些"吃硬不吃软"的学生,就不能过于迁就,但不能挖苦、讽刺、训斥。

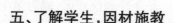

学生到教师家中拜访,教师都要热情相迎,热情接待、请坐、递茶。并向家属作介绍,像对待其他上门的客人一样。然而,学生来访的目的并不相同。因此,在具体的接待上自然也有所区别。针对不同目的的来访学生,作为教师,应该注意哪些礼仪呢?

第一,学生来拜访老师,是由于对老师十分怀念,想通过访问表示自己的敬仰之意。对这样的来访者,无疑教师应亲切地表示欢迎,和学生促膝谈心,让学生不觉拘束,感到温暖。这样的来访者有时还会随身带一些礼物赠送老师。对此,教师一般不能随便收受,因为学生是消费者,他们用父母的钱购买礼品相送,会加重家长和学生的负担;但也不可生硬地予以拒绝,以致伤害学生的自尊心;更不可使学生难堪,使他们留下不快的回忆,甚至今后不敢再上老师家的门。总之,此事要处理得自然得体,既不能使学生不快,又不能让学生加重负担,要尽量用有利于促进师生之间情谊的方法解决。

第二,学生来拜访老师,是由于求知心切,是带了某些问题来向老师求助的。这种情况有时也可能发生在教师毫无准备的时候,可能教师本人正在处理家务,或正在研究某种学术,或正在修改论文和进行写作,也可能正在会客。总之,不管自己正在忙什么,都应当把所做的事暂时搁置起来,采取热情诚恳的态度,全心全意来指导学生,而且还要注意态度的耐心和谦虚,善于与学生一起切磋问题。虚怀若谷,礼贤下士,教学相长,这些正是具有道德修养的教师的礼仪之本,也是新型的师生关系的具体表现。

第三,学生来拜访老师,是因为本身遇到了特殊的困难,有的可能是受到了同学的欺负,有的可能是受到了家庭的虐待,也有的可能是遭到坏人的迫害和摧残。简单地说,他们是来向教师倾诉或求救的。古人云:"一日为师,终身为父。"这些学生因为受屈、受辱而特意来找教师要求帮助,这是学生对教师的最高信任。对此,作为教师,更应该伸开双臂、满腔热情地接待他们,要像父母爱自己亲生的子女一样去爱护他们,去帮助他们。但是,教师本人的态度要保持镇定,要冷静沉着。首先,要尽量稳定学生的情绪,在学生冷静下来之后,随即认真、仔细地弄清学生所述事情的全貌,经过思考,对来访者给予具体解决问题的指导。其次,要特别注意,该保密的事要严格保密(如家属不该知道的事就不应让他们知道)。有些问题可能要依靠组织甚至依靠政府才能解决的,也要不遗余力地帮助学生去解决。这才是真正的师生关系，也由此而更体现出真正的师生之谊。

教师与同事的交谈礼仪

热爱教师集体，团结互助育人，是教师职业道德的重要规范。为了搞好教育工作，教师不仅要处理好与学生之间的关系，还要正确处理与教师集体之间的关系。只有教师集体中的每一个成员协调一致地活动，教育工作才能有效地进行，教师集体才能给学生集体以良好的道德影响。因此，每一个教师在充分发挥个体的积极性、创造性的同时，还必须为建设良好的集体做出自己的努力，这是教育过程本身的需要，也是教师个体发展不可缺少的条件。

教师之间互相尊重，团结互助，密切配合，是正确处理教师之间关系的重要表现。善于肯定同事取得的成绩，虚心向优秀教师学习，是教师道德的要求。陶行知说："要想做好教师，最好是和好教师做好朋友。""文人相轻"、"妒贤嫉能"是教师道德的一大敌人，是教师集体生活的一大祸害。与同事相处得如何，直接关系到教师个人工作、事业的进步与发展。如果同事之间关系融洽、和谐，人们就会感到心情愉快，有利于工作的顺利进行，从而促进事业的发展；反之，同事关系紧张，相互拆台，经常发生摩擦，就会影响正常的工作和生活，阻碍事业的正常发展。作为教师，处理好同事关系，在与同事交谈时应注意以下几点交谈礼仪：

一、尊重同事，言语得体

相互尊重是处理好任何一种人际关系的基础，同事关系也不例外。同事关系不同于亲友关系，它不是以亲情为纽带的社会关系。亲友之间一时的失礼，可以用亲情来弥补；而同事之间的关系是以工作为纽带的，一旦失礼，创伤难以愈合。所以，处理好同事之间的关系，最重要的是尊重对方。儒家提倡"恭则不侮"，恭敬即尊重，尊重人的同时也会受到他人的尊重。

言语既然是交际心理现象，展现交际心理过程，就必须做到说话得体，恰如其分。言语得体对教师来说显得尤其重要，任何夸大其词，或是不看对象、词不达意，都会影响交际心理的展现，妨碍相互间的交流。例如怎样称呼别人，这中间就大有文章。两人见面，第一个词便是称呼。它既是见面礼,也是进入交际大门的通行证。称呼得体,对方会感到亲切、愉悦;称呼不当,对方就会不快、愠怒。

交际中言语也要注意分寸,该说则说,不该说则一句都不说,说话的程度应视对象和交际目标而定。如赞美对方,说他如何才华出众、聪明能干,这些恰恰是他的不足之处,对方的心理如何便可想而知了。再如某人好不容易才发表了一篇作品,这时你表示祝贺,说他"吃苦"、"有毅力"、"有一种顽强精神",这都可以,但如果以此便夸奖他是"作家",他就感到你是在嘲弄、讽刺他。两人争论问题,对方从全局考虑,做出某种让步,使问题得以及时解决,这时你诚意地称赞他说:"你的风格真高,实在难得!"这种赞美,往往适得其反。既然是真诚地赞美别人,又何必加上一句"实在难得"呢?

二、善待同事,言语真诚

现代教师职业劳动的目标一致性要求在教学过程中应该建立互助友爱的关系。这种关系的确定有助于党的教育方针的贯彻,有助于学生身心健康地发展,有助于教师教育任务的完成,有助于形成良好的教风、学风,使教师在良好的人际环境中工作。

其实言语得体也是出于真诚。话说得恰到好处,不含虚假成分,能说不真吗?然而,真诚还有另外一面,那就是避免过于客套。过分地粉饰雕琢,就会失去心理的纯真自然。绕弯过多,礼仪过分,反而给人"见外"的感觉,显得不够坦诚。与人交际,谦逊礼让是完全必要的,然而不分对象、不分场合,一味地"请"、"对不起",未免有虚伪的嫌疑。比如说故人相聚,还过分客套,搞得别人难为情,这就很难说是真诚。许多情况下,我们需要直抒胸臆的言语艺术。是怎么样,就怎么说,还事物以真面目。直言不讳,是待人接物很重要的语言技巧。

如何正确看待同事在工作中取得的成绩和存在的缺点,处理好与先进教师的关系,是教师经常碰到的一个问题。教师中的优秀教师、模范班主任、教学能手是教育工作中涌现的先进分子,是值得其他教师真心诚意地学习、尊重和支持的。推广他们的教育和教学经验,使教学质量得到提高,是教师职业道德的要求。年轻教师应主动向他们学习,经常与他们交流。但往往有的教师妄自尊大,轻易否定别人在教学工作中取得的成绩,特别是对资历、年纪不如自己深的年轻教师。有的看到别的教师被评上先进，就心中不服，产生嫉妒心理，对先进教师讽刺、挖苦，甚至进行无中生有的人身攻击等。这些不道德现象，严重影响了教师集体的团结，破坏了同事之间的关系，影响了教学工作。无数事实证明，凡嫉妒别人进步的人，必然故步自封，不能汲取别人的优点和长处，使自己处于落后的地步，如此，终将会被不断前进的社会所淘汰。所以，每位教师一定要心胸开阔，虚怀若谷，实事求是地评价别人的工作，善于发现别人的闪光点，学会赞美别人，努力学习别人的长处。同事间的真诚信任和赞许，是教师集体劳动中宝贵的精神促进力量，能创造良好的工作气氛，激励集体中的每个成员奋发有为。

三、谦虚谨慎，言语委婉

谦虚谨慎，对于创设团结协作的教师集体是至关重要的。首先是谦虚谨慎，才有自知之明和知人之智，既看到自己的不足，又善于在平淡无奇之处发现同行的可贵之处。俗话说："尺有所短，寸有所长。"再聪明绝顶的人，也会有"智者千虑，必有一失"的时候；而再平淡无奇的人，也会有他的独特之处。知己之不足，知人之所长，这是谦虚谨慎的表现。

语言的表达方式是多种多样的，由于谈话的对象、目的和情境不同，所以语言表达方式没有固定的模式。说话有时要直率，有时要委婉，要视对象而定，直时不直，委婉时不委婉，同样达不到交际效果。当然，言语委婉并不容易做到，它需要有高度的语言修养。如运用什么语气，采用哪种句式，运用什么言辞以及"讳饰"、暗喻等，既要有高度的思想修养，也要有丰富的汉语知识。但用得好，批评的意见可以让对方听的舒服，同样的内容可以使对方乐意接受，而且在极大程度上可以激起对方的兴趣和热情，其作用往往超过一般的直言快语。

教师集体中的各个成员在思想政治素质、业务水平、工作能力等方面存在差异是客观事实。为使每位教师在教育教学工作中取得良好效果，教师之间的相互勉励和帮助是非常必要的。在政治思想、教学工作、日常生活诸方面互尊互帮，可以充分发挥教师集体的智慧和力量。

思想上要互相关心，严于律己，宽以待人，对自己高标准严要求，一言一行以人民利益为重，一举一动要符合教师道德。教师要有宽阔的胸怀，以谦恭之心对待周围的教师。同事之间出现矛盾,要及时谈心,互相谅解,消除误会。对其他教师的缺点错误,本着"惩前毖后,治病救人"的原则,善于开导,善于等待,不能"一棍子打死"。

教学上要互相取长补短。在发现和发展自身创造性才能的同时,也要使其他人充实起来,形成互相学习、互相帮助的氛围。尤其是业务水平较高、具有丰富教育教学经验的教师,更应当把帮助同事提高和发展作为自己的责任和义务。互相帮助、互相学习、互相交流,有利于共同进取。研究教学技巧,不断改进教学方法,努力提高教学质量。在教育教学过程中,有时同事间对某个问题的认识、态度、观点会存在差异,交谈时,要尊重对方的观点。有争议时,言语要委婉,切不可强词夺理。

教师在与同事交往和有关的教学活动中,要做到谈吐儒雅稳重,还必须注意谈吐的禁忌,避免一切直接触犯他人感情的话和不雅的字眼。工作、生活中处处留意,谨言慎行,以身作则,努力净化社会环境。教师谈吐的禁忌主要包括以下五个方面的内容:

1. 忌语言垃圾

(1)污言秽语。无论何时何地何事,教师都不能使用脏话、粗话、黑话,这些不文明的语言都有失教师身份,是教师职业道德所不能允许的。

(2)口头禅。口头禅是一种语病,犹如语言中的沙子常常令听者感到不舒服。有两种情况会严重影响教师的形象:一是傲语口头禅。如"你懂吗"、"我告诉你"、"你得了吧"等不礼貌的口头语,常会给人自以为是、盛气凌人的感觉。二是废话的口头禅。如"怎么说呢"、"这个"、"那个"、"对不对"等,这些词语往往只是说话者的一种语言习惯,在句子里没有实际意义,但是反复出现,使句子拖沓、紊乱、令人厌烦。

2. 忌说话刻薄伤人

教师在讲话时不可出口无忌,尖酸刻薄。俗话说:"伤人之言,重于刀枪剑戟。"这类充满恶意的话,定将伤害对方的自尊心、自信心,这是做人最为忌讳的,也为师德所不容。

3. 忌自吹自擂

教师在社会交往和教学工作中需要让别人了解自己、信任自己,以便更好地与人交往和教育学生,但应注意分寸,不可将自己的优点和能耐说得太过,在谈话中总是夸耀自己能干。

4. 忌飞短流长地议论别人

教师在人际交往中传播闲言碎语，背后评论非议他人，恶意中伤别人是既不文明也不道德的行为。背后非议旁人不仅不能证明自己是个聪明人，反倒证明自己缺乏教养，是搬弄是非之人。

5. 忌令人不快的言谈方式

令人不快的言谈方式有以下几种：(1)在与别人交谈时突然插入不相干的话题或抢着把别人要说的话说完；(2)当场纠正别人话语里的错误和时常修改、补充对方的意见；(3)未经对方允许突如其来插上一嘴，打断对方的思路；(4)以己之长对人之短，以显示自己比别人优越；(5)交谈中不正视对方，经常左顾右盼，心不在焉；(6)不认真听取别人的意见，却喜欢与人争辩，强词夺理以显示自己一贯正确；(7)滔滔不绝地将自己的好恶、想法全部说出来，只管自己尽兴，始终不给他人说话的机会。

以上这些言谈习惯会使交谈对象感到难堪而厌烦，教师如不能及时改掉，最终将成为同事背后讥笑、议论的对象。

教师与领导的交谈礼仪

由于工作关系，教师在平时工作过程中要经常与各级领导打交道，从年级学科组长到年级主任，从年级主任到学校校长，从学校校长到教育管理部门的各级领导，教师都要接触。教师接触各级领导的工作目的各种各样，有时是请示领导对工作进展做出批示，有时是向领导汇报工作安排，有时是向领导寻求帮助，有时是向领导征求意见，甚至有时因为工作失误还要向领导作检讨。教师接触的领导性格和领导风格也多种多样，出于工作目的，面对不同的领导就要具备一定的口语交际能力，同时要注意言谈的礼仪。

教师与各级领导接触时，口语交际礼仪上应遵循三个原则。

一、说话合适得体，避免逢迎

接触领导不同于接触学生与同事，对学生与同事要保持尊重，对领导则要保持必要的尊敬。一个在言辞上对领导不尊敬的人，即使他再有才华，也很难得到领导的赏识和重用。教师在与领导接触时，言语上要合适得体．不要讲"你是校长怎么啦"、"你还太年轻"、"你这样做也太过分了"、"你是主任有什么了不起,我的课比你上得好多了"等言语。

言语上尊敬领导不意味着对领导一味逢迎,丧失原则甚至人格。有的教师认为做领导的就喜欢听恭维话,就喜欢有人奉承着,自己若不这样做,当有请示汇报的事情时领导就不会同意。因此,同领导交谈时,尽管是违心的,也要向领导讲一些恭维的话。这样做的结果,一种是教师从领导那里得到了自己想要的答复,但自己心里别扭,也让领导看不起;另一种结果是领导根本不喜欢这种做法,不但不会批准教师的请求,还会认为这位教师只会讲好听的话,实际办事能力不行,以后也不会让这位教师做什么重要的事情。

二、说话符合身份,避免越级

与领导接触时,说话一定要符合下级的身份,不能讲一些越级的话,让领导有一种成为下级的感觉。

例如,一位教师接了一个关于小学生综合性学习的科研课题,学校校长专门拨款让他购买参考资料,又积极促成他到外市参加相关会议。该教师感动之余对校长说:"您辛苦了,您的做法太让我感动了,我非常满意。"领导本来挺热心该教师的课题,听了他的这些话后,反而不再过问他的课题了。为什么呢? 就因为这位教师讲话是处在领导者位置讲的,好像一位领导对下属工作表示满意的一种口气,这当然会招致校长的不满了。

教师接触领导时,不要讲诸如"主任决策英明,我很感动"、"这件事没办成,没关系"、"这事你不懂"、"我想这事很难办"、"好啊"、"可以啊"、"我考虑考虑再说"、"这件事得研究研究"、"您做这件事欠考虑"等话。可以说诸如"您为我考虑这么周到,我很感激您"、"真心谢谢您对我工作的支持"、"谢谢领导的好意,我会按照您的意思去办的"等。

三、说话适可而止,避免较真

与领导较真的情况多出现在以下两种场合:一种是领导不同意自己的意见,据理力争;另一种是受到领导错误批评时不依不饶。

领导出于某种考虑,否定教师的意见,或一时分辨不清,对教师做了错误批评。对教师来说,的确是件让人不高兴的事,但此时教师切记不要与领导太较真,不然,事情会对自己更加不利。

例如,一位教师精心策划了一次班级活动,准备带领学生到某社区体验生活,但向校长请示时,校长却因经费问题拒绝了该教师的请求。该教师争取了好几次,校长都没有同意。该教师认为领导故意为难自己,非常郁闷,找到领导后非要领导同意他的请求不可,并列举了其他教师开展相关活动得到批准的事实,质问校长为什么同意别的教师的活动要求,却单单否定了他的方案,是不是对他有什么偏见。其实,领导否定该教师的请求并没有针对教师个人的想法,只是从学校花费开销上考虑。教师这么质问校长,让校长很不高兴。事实上,该教师向校长争取了几次校长都没有同意,教师就没有必要争取下去了,更没有必要把校长的决策同自身联系起来,这样太较真,只能让领导对自己产生不好的印象。

有的教师在受到领导批评时,反复纠缠、争辩,希望弄得一清二楚,这是没有必要的。假如确实是领导不了解情况错误地批评了某位教师,这位教师可以找一两次机会表白一下,点到为止。领导如果仍不为你澄清事实,就不要再与领导纠缠不休。相反,适当的让步会让领导考虑找机会弥补自己的过失,毕竟,领导还是能分辨是非的。一般来讲,领导会采取相应措施弥补一时的失误的。

在具体的工作过程中,教师与领导接触有时是接受领导布置的任务,有时是向领导汇报工作,有时是就某一事情向领导提出建议,有时是因为个人的一些困难而拒绝领导的工作安排。根据接触领导时所处的场合不同、目的不同,教师与领导交谈时要注意一些谈话技巧。

1. 接受领导布置的任务时

教师要经常接受领导布置的各种任务,从准备一个迎新晚会到开展一次调研活动,从上公开课到去外地出差,从接待外来人员到采购相关资料,不一而足。

接受领导布置的任务时,教师语言要干脆利索,避免推诿、不情愿口气。尤其是领导布置比较复杂且需要投入大量时间、精力的任务时,如果领导的语气很坚决,已经打定主意要你去办某件事时,最好的方法是干脆利落地答应下来。

接受领导布置的任务时,教师要实事求是,避免说大话、满话。有的教师喜欢在领导面前显示自己的能力与把事情办好的决心,有时也是为了让领导同意自己做某件事情,就努力在领导面前说自己会把工作完成得如何如何好,至于结果很少考虑。这样很容易给领导留下一种自大狂的印象,如果事情完成得不好,更让领导很难再次相信你。因此,接受任务时要实事求是,客观地向领导报告自己完成任务的可能性。

接受领导布置的任务后,教师要向领导介绍任务实施计划,并及时向领导汇报任务实施情况,让领导对整个工作进行情况有大致了解。这一方面可以让领导随时帮助教师解决工作过程中出现的问题;另一方面,工作中如因出现一些不可控制的因素导致工作进程受影响甚至工作失败,领导因了解情况也不会怪罪教师。

2. 向领导汇报工作时

教师在工作过程中需经常向领导汇报工作,汇报时语言上要注意以下几点:

(1)语气平缓,避免慷慨激昂。

汇报不同于演讲,汇报大多是告诉领导事情进展到何种地步,需要领导作进一步指示;或者是汇报一件事情完成的经过,最后结果怎样。因此,汇报时只需用平缓的语气客观地介绍事实就可以了,尽量少用慷慨激昂的鼓动语气。

(2)紧扣中心,简洁明快,避免离题万里。

领导最关心的是事情的完成或进展情况,而且领导的时间有限,因此,汇报时教师要紧扣中心,用简洁明快的语言扼要汇报工作的主要内容,不要在次要问题或与汇报主题没有关系的问题上浪费口舌。讲话条理清晰,避免眉毛胡子一把抓,不要在一个问题上纠缠不清。为避免这种情况,教师在汇报工作时,最好提前准备一个简明扼要的发言提纲,或者在头脑里有大致的讲话思路,知道大致的汇报顺序与汇报重点,这样比临时边想边说效果要好得多。

(3)多用请示语沟通,避免强硬语气。

汇报工作时,交际的对象是领导,而且工作需要领导作出指示,教师要注意多用请示语。如"不知我这样做是否恰当"、"您看这种情形怎样处理"、"您看这个活动方案哪儿需要修改"、"请您对我班的主题班会提一些意见"等等。避免对领导使用如"这个活动方案您一定要批准"、"您一定要考虑我的实际情况"、"这个会议我一定要参加"、"您一定要把这个课题交给我们班级"等强硬语气。

（4）随时回答领导问题，避免置之不理或轻描淡写。

教师在向领导汇报工作的过程中，领导随时会提一些问题，这些问题绝大多数与教师汇报的工作有关，偶尔也有一些无关的话题。教师要随时回答领导的问题，把自己了解掌握的相关信息告诉领导，不能因为领导的问题与自己正汇报的问题无关，或因领导打断了自己的汇报思路就对领导的话题置之不理或轻描淡写地应付过去，应先回答领导的问题，然后再接着汇报。

（5）一事一报，避免同时汇报几件重要的事情。

向领导汇报工作最好做到一事一报。一件事情结束了，要及时把相关情况汇报给领导。不能怕麻烦或害怕见领导，把几件事一起汇报。这样做一是有可能耽误领导的决策，二是容易把重要的事耽误了。

3. 向领导提建议时

向领导提建议时，要注意以下几点：

（1）不提过高或不切实际的要求。

老教师向学校领导提建议、意见、要求，要实事求是，从实际出发，切忌提过分要求。不能认为自己是骨干教师、是高学历教师、是先进工作者就要求一些过分的东西。

（2）教师向领导提出合理的要求时，也要注意语气。

要平和，避免使用埋怨、争辩、强硬、要挟口气，要多用请求、期望、征询的口气。应避免说"我应该去参加那次会议"、"我要到有空调的教室上课"、"我的要求，您一定要答应"。应多说"请领导认真考虑我班的方案"、"您看我的意见可以采用吗"、"我的看法您的意见如何"等语言。

例如，在一次教师代表会议上，领导提了一个关于教师工资方面的方案，让教师代表讨论。一位教师代表直接就说："校长，您报告中的内容我不敢苟同，我认为应该……"另一位教师代表接着发言："我经过对这个方案的认真考虑，认为有点不太理想的地方，我提出来，您指正一下……"两位教师代表提的意见内容大致差不多，但领导对第二位教师的发言表示了更多的倾听兴趣。同样的意见，不同的表达，结果差别很大。

4. 拒绝领导的工作安排时

教师有时因为工作太忙，或因为家庭原因，或因为领导工作布置不当，会拒绝领导的某些指示、要求或安排。

不论是出于何种理由,拒绝领导时都要注意委婉,避免生硬语气,充分陈述拒绝的理由,求得领导的理解与谅解。陈述理由时实事求是,不找借口。拒绝的同时最好能向领导推荐其他替代措施。

例如,一位教师正忙于撰写一篇关于新课程改革的论文,领导突然安排他到一个很远的城市出差,而且一去要十几天。这位教师向领导客观地讲述了自己的实际情况:出版社正等着他这篇稿子。他去出差的话,会给出版社带来很大的麻烦。而且,这篇论文对他本人来讲很重要,他马上就要评职称了,如果没有这篇论文,他很可能评不上职称。向领导讲明情况后,他又向领导推荐了另一位老师,并表示该教师以后有类似情况,他愿意替这位教师上课。领导最后同意了这位教师的请求。这里,这位教师就掌握了较好的拒绝技巧,既没有得罪领导,也达到了自己的目的。

假如教师充分向领导陈述理由后,领导仍然坚持教师去做某件事,教师就不要一再坚持拒绝,应尽力去完成领导布置的任务。

教师与学生家长的交谈礼仪

教师与学生家长的关系,是教育过程中客观存在、不容忽视的重要关系。教师的一个重要的职业责任,就是组织和家长的合作。两者协调一致,密切配合,才能发挥积极的教育作用。

教育教学的目标与任务的统一性决定了教师和家长应密切合作的必然性。现代教育理论揭示了家庭教育是学校教育的基础,家庭是影响学生成长的重要因素。教师要教育好学生,必须全面地了解学生,不仅要了解学生在校内的情况,还必须了解学生在校外,特别是在家庭中各个方面的表现,这是不言而喻的。

教师与学生家长交谈,应注意做到以下几个方面:

一、主动与学生家长联系

教师与学生家长是在不同的时间、不同的地点、不同的环境下对学生(孩子)进行教育工作的。教师作为专业的教育工作者,要主动积极地同学生家长建立经常性的联系,密切配合。

1. 与学生家长联系目的要明确

教师积极寻求并保持与学生家长的联系,是出于对学生的爱护和关心,是为了全面地了解学生,互通情况,共商教育的方法,这是教师对教育事业的责任心的表现。这项工作应当有计划地经常进行,不能等学生出了问题后才去告急或"告状",更不能掺杂某种个人的利益或动机。实践证明,只有当教师抱着正确的目的和态度,真诚地与家长相互交流在学生教育方面的想法和经验,真正成为学生家长的朋友,才能取得预期的结果。

2. 与学生家长联系准备要充分

教师要事先准备好需向家长介绍的情况,分析学生的表现,做到观点明确,材料具体,条分缕析,说服力强。教师还要事先适当了解学生家长的脾气和特点,以确定相互联系的方式方法。不管是哪种形式的联系,只有事先做好了充分的准备,才能使双方的沟通有实际内容,富有成效。

3. 与学生家长联系形式要多样

可采用家庭访问,召开家长会,书信或电话联系,邀请家长来学校听课、谈心,组织"家长委员会",开办"家长学校"等形式加强与学生家长的联系。其中,家庭访问简便易行,是常用的联系方式。召开家长会是高效率的联系渠道。

4. 与学生家长联系方式要得当

从大的方面来说,教师绝不能居高临下地对家长采取命令的态度,只能靠自己的真诚和威望与家长建立合作的关系。在具体交往时,必须采取恰当的方式,使家长愿意听取教师的意见。对学生存在的缺点和不良行为,教师要和家长一起分析原因,共商帮教的办法;对学生进行批评,要慎重、中肯,理解家长对自己子女的情感。

二、积极宣传科学的教育思想和方法

为了使教师与学生家长双方的合作富有成效,教师有义务帮助学生家长确立正确的教育思想,掌握科学的教育方法,这样双方就能认识一致,步调一致。而在实际生活中,有的家长不重视家庭教育,寻找种种借口把教育孩子的全部责任都推到学校和教师身上;有不少家长溺爱孩子,缺乏基本的教育常识,对孩子身上存在的问题听之任之,束手无策;有些家长信奉陈腐的教育观念,恨铁不成钢,采用打骂、体罚等错误的教育方式;还有的家长对孩子的教育缺乏耐心,急于求成,简单粗暴等。以上种种态度必然成为教育学生的障碍。因此,教师不能无原则地迁就家长,无视有些家长的错误或不符合教育规律的行为,一定要向学生家长说明不科学的教育方法会给孩子的成长所造成的危害,帮助家长多掌握一些科学教育的知识和方法。

首先,要做到"两个树立,两个激发"。即树立家庭教育、学校教育、社会教育相互影响,密切配合的"大教育"观念,激发家长教育子女的积极性;树立素质教育的观念,激发家长教育子女要全面发展的责任心。教师应通过各种适当方式,启发学生家长懂得 21 世纪是知识经济的时代,对于人才的要求朝着素质的多样化、综合化、个性化并具有创新能力的方向发展。因此,教育好下一代,不仅要依靠学校和教师的努力,也要依靠家长的协助和配合,关心自己子女的教育,为学生创造一个良好的家庭教育环境,是每位家长应该履行的社会义务。家长不仅自己要为子女树立良好的榜样,而且也要像学校开展素质教育那样,不能仅关心子女的学习成绩,应当着眼于子女各方面素质的培养和提高,特别要重视思想道德素质的提高。绝不能强迫孩子只看教材和做作业,不准看课外读物,不准参加文体活动,不准担负社会工作为同学服务;不能不管是否爱好和有无条件,硬逼着孩子学弹钢琴、拉提琴、学绘画等;也不能片面强调外语和计算机的重要性,造成孩子(学生)产生"偏科"的现象。所有这些,都需要教师和学生家长通过认真、坦率地交流,促使家长从子女的未来和前途考虑,树立正确的教育思想和观念。

其次,要帮助学生家长掌握科学的教育方法。教师要善于通过各种场合,启发学生家长自觉学习教育学、心理学的基本知识,想办法创设一个良好的家庭教育环境,调整和协调家长与子女的关系;会采取各种方式进行调查研究,掌握子女的思想、表现的实际状况和变化趋向,并能有针对性地采取恰当措施,引导子女排除错误思潮及社会影响的干扰;善于激励、开导子女追求正确的人生方向,脚踏实地不断进取,培养子女坚强的生活意志,勇于克服困难、改正缺点错误等良好品质;要能适应社会进步和事业发展的需要,讲究教育艺术,提高教育效能等。

在教育过程中,教师要特别注意并帮助学生家长及时纠正以下各种错误做法:一是采用物质或金钱刺激的办法,误导学生片面追求高分。二是采取打骂、体罚等简单粗暴的方法,以为这就是严格要求。这往往会伤害孩子的自尊心,使其产生厌学情绪和逆反心理,给学校教育带来很大困难。三是采取"拔苗助长"的方法,要什么给什么,要怎样就怎样,超越现实条件。对于此类情况,教师不仅可以向家长介绍其子女的学习情况和实际水平,还可以介绍自己的教育经验,解说自己教育学生的意图和方法。这必然会潜移默化地提高家长们的教育素养,促使他们运用正确的教育方法,以新的姿态去对待自己子女的教育。

三、尊重家长的人格、感情和意见

尊重家长就是要尊重家长的人格。教师要信任和理解学生家长,尊重家长的自尊心和自信心,在任何时候都不能说侮辱家长人格的话,更不能做侮辱家长人格的事。同时,教师要教育学生尊重自己的父母,帮助学生发现自己父母身上值得学习的优秀品质,启发学生以自己学习和劳动的成果来报答父母的养育之恩。教育实践证明,教师尊重学生家长,不但可以维护家长的威信,增强家长教育自己孩子的力量,而且当家长看到孩子能够健康成长,尤其是消除了因教育方式不当而引起的子女与家长之间的积怨或隔阂时,学生家长就会衷心地感谢教师,真心诚意地支持教师的工作。

尊重家长就是要尊重家长的感情。教师要成为学生家长的朋友,把他们看作是自己教育工作不可缺少的帮手,理解和尊重家长所特有的感情。亲子之心人皆有之,学生家长在涉及他们的子女时,一般总是比较敏感的,愿意听到自己孩子的好消息。教师一定要理解家长的这种感情,在相互尊重的基础上,通过摆事实、讲道理产生共同语言,共同完成对学生的教育。另外,由于爱子之心的存在,学生家长特别不能容忍教师当众讽刺、指责甚至贬损自己的子女。

例如,在一次家长会上,某班主任老师当着全体家长的面说:"我们班同学的期末考试成绩都写在黑板上,请家长们自己看。全班除了某某同学以外,都考得比较好,真是一粒老鼠屎坏了一锅汤,不知家长是怎么教育的……话说到这里。那位学生家长当即离席而去,临走时回敬了一句:"我不配当家长,你更不配当教师!"全体学生家长愕然,家长会不欢而散。

教师绝不能以违反师德规范的言行损伤家长的感情,需知爱子之心乃是学生家长与教师合作的最坚固的心理基础。因此,教师一定要理解和尊重家长这种特有的感情,维护好这一合作的基础,才能做到密切合作,协调一致。

尊重家长还要尊重家长的意见。学生家长对学校和教师提出意见,是出于对学校和教师的关心,对教师工作的支持和鞭策,教师必须以善意的态度对待批评,有则改之,无则加勉。况且,教师对学生的了解往往没有家长对自己的孩子了解得那么深入细致,因此,家长提出的意见或建议,往往具有很强的现实性和针对性,值得教师考虑和采纳,争取实现教育效益的优化。

教师与学生家长交谈时,要注意口语表达技巧,言语上要做到以下"四忌":

1. 忌语言生硬

大多数情况下,教师与家长接触,往往是因为学生在学校出现这样或那样的问题。这时,某些教师常常会因为学生的过错而迁怒于家长,以致在与家长交谈时语言生硬。这是不应该的。学生有错误是难免的,即便是有些学生一错再错,屡教不改,家长也没有义务代之受过。有些教师认为学生出现问题可能是家长管教不严或疏于管教造成的。或许有些家长确实溺爱孩子,对他们百依百顺,包庇护短,这就更需要我们加强与家长的沟通,而不能摆出一副"冷面孔",语言生硬,冷嘲热讽。

我们应该倡导把家庭教育作为学校开展德育工作的一个重要组成部分。要想实现教育的培养目标,就需要学校教育、家庭教育、社会教育和谐统一起来。所以,如何指导家庭教育,如何争取学生家长的配合,已是学校教育工作中一项不可忽视的重要内容。如果我们在与家长交谈时语言生硬,缺乏诚心与热情,那就很难与家长在教育学生的问题上达成共识,更谈不上紧密配合了。教师只有满怀热情地对待家长,使交谈始终在一种愉快友好的气氛中进行,才能获得家长的信任、理解和支持,充分调动起家长的积极性和主动性,从而形成教育的合力,共同完成教育好学生的任务。

2. 忌一味指责

有时候,教师对那些平时爱犯错误的学生,常常会"恨铁不成钢"。当学生犯了错误后,教师会把该生各方面的不佳表现一股脑儿地倒给家长,一味指责,原意是想唤起家长的注意,请他们配合教师的教育工作,可效果往往适得其反,达不到预期的目的。

其实，无论自己的孩子各方面表现得如何不尽如人意，家长内心里对孩子难免还是偏爱的。没有一个家长不对自己的子女寄托着殷切的希望，没有一个家长不对自己的子女充满慈爱，没有一个家长不爱听别人表扬自己的孩子。所以教师在与犯错误学生的家长交谈时要讲究方式、方法。首先要注意场合，不要当着别人一味指责学生；其次要从学生的长处和近来的进步说起；最后再委婉地谈到学生存在的问题，并向家长提出配合教育的要求。这样一来，家长便很容易接受了。相信大多数家长都是通情达理的，绝不会刻意包庇孩子的错误。

在与家长接触时一味指责学生，把谈话演变成"告状"，也会使学生对此十分反感。长期以来，许多教师总是在学生出问题后才与家长联系，导致在一些学生心目中，家访往往等同于"上家告状"，使学生对教师与家长的联系十分畏惧和不满，这是不利于学生心理健康发展的。教师在向家长介绍学生情况时，要客观、全面，要懂得多表扬、少批评，多正面教育、少反面教育，在充分肯定学生成绩的基础上，提出存在的问题与缺点。这样不仅是家长，就是学生本人也容易接受，同时也使学生对改正缺点充满信心，而不会再畏惧教师与家长联系了。

3. 忌语含嘲讽

教师在与学生家长交谈时，不要因为对家长在教育学生过程中的某些做法不满而语含嘲讽、挖苦，但又不真诚地提出自己的看法，这是不尊重家长的表现。当我们看到家长在教育子女不得法的情况时，与其埋怨、嘲讽，不如去思考和实践如何指导家庭教育的问题。有人曾经说过："教师与学生家长之间的关系好比是由学生连起来的两座桥墩。"教师与学生家长两者是并列的、平等的关系，并不存在谁听谁、谁管谁、谁教育谁的关系。每个人都是有自尊的，如果我们不注意与家长交谈的方式，伤害他们的自尊心，引起他们的反感，家长们就更不可能好好配合教师的工作。因此，我们要记住"精诚所至，金石为开"这一名言，即便是遇到一味"护短"的家长，也要真心诚意对待他们，丢掉个人偏见和固有看法，坚持耐心说服，委婉提醒，和家长一起分析研究学生犯错误的症结所在，并运用所学的教育理论知识，帮助家长找出解决问题的办法。这样一来，相信学生家长一定会很高兴地与教师配合起来，共同做好学生的思想教育工作。

4. 忌态度傲慢

在学校里，绝大多数青年教师有着大学本科或专科学历。而在日常的教育教学工作中，我们接触到的学生家长，就未必人人上过大学，甚至有些人仅仅是小学毕业或初中毕业。因此，某些青年教师会对这些家长产生轻视的心理，认为他们没文化、没水平，不会教育孩子，这些青年教师在与学生家长交谈时，会不自觉地流露出傲慢的态度，对某些家长的话表现出不耐烦或不以为然。要知道这种傲慢的态度看似不起眼，实际上影响很大，家长觉察出这种轻视后，就必然会对你的话产生反感、抵触或表示不满，而家长的这种情绪也会直接影响到孩子，使孩子在接受你的教育时有抵触情绪。

其实，我们应该认识到，绝大多数家长没有受过教育专业的训练，缺乏教育学、心理学等方面的知识和修养，和教育工作者的教育能力相比存在着一定的差距。教育工作者以教育学生为专业，全部精力和时间都花在教育工作上，而家长作为家庭教育中的教育者，他们绝大多数并不遵循什么教学计划、教学大纲或教学原理去教育孩子，有些家长往往还不能自觉地、言行一致地以自己的行为榜样来影响子女，这些都是客观现实，我们应从实际出发。

教师在与学生家长交谈过程中，注意做到"四忌"，与学生家长紧密配合，为学生的身心健康发展创设一个和谐、统一、向上的环境，将会收到良好的教育效果。

教师在实际工作过程中，除了经常与上述人员接触外，还常会接待一些特殊来访者，包括新闻记者、其他单位工作人员等。教师与这些人员交谈时除应遵守基本的言谈礼仪外，还要注意做到以下几个方面：

（1）要注意交谈话题。教师应围绕来访者的来访目的，结合学校实际情况，说一些彼此都比较感兴趣的话题，使双方感到轻松愉快。使谈话更具创新和吸引力，保持谈话始终在趣味盎然的氛围中进行。谈话时，教师要时刻意识到自己的教师身份，要注意得体的语言，体现教师的职业内涵和文化修养。说话态度谦和有礼，端庄大方，既不高高在上，傲视一切，也不猥琐卑下，唯唯诺诺。

（2）使用普通话。说话中一般不要使用对方不懂的语言，如方言、土话或外语。由于使用什么样的语言也是种情感信息，因此尽量使用跟对方一致的语言交谈。

（3）应特别注意，在交谈过程中，不应对学校领导、其他教师及学校的办学情况作不切实际的主观评价，教师的言行举止都是在对学校的形象进行着无形地宣传。教师个人与校外人员交往时，应时刻保持言谈举止的良好效果和影响，处处以学校的大局为重。

教师只有具备良好的言谈技巧，平时再加以学习、积累和训练，同时注意表达语言时应遵守的礼仪礼节，根据具体谈话情景、针对具体谈话对象，说出合乎交际场合的语言，这样才能顺利地开展各项工作。

第四章

教师教学礼仪

课前准备礼仪

教师礼仪主要是以教学活动为载体来体现的。教师的素质和修养在教学活动中展露无疑,直接影响教学效果。因此,在教学过程中,教师应时时处处讲究文明礼仪,自觉规范自己的言行举止,恰当地展示内在美与外在美的统一、动态美与静态美的协调,以树立知书达理的谦谦君子形象。

课堂教学是整个教学工作的中心环节,为优化课堂教学效果,提高教学质量,教师必须在课前认真、充分地做好各项准备工作。在课前准备阶段,教师要注意三个方面的礼仪要求。

一、备课礼仪

备课是教师在一定的教学观念指导下,根据教学需要,为实现教学目标所做的准备工作,是组织好课堂教学的前提和基础。为了优化课堂教学,教师在备课过程中要符合教学礼仪和规范,体现高尚的职业道德。

1. 钻研教材,态度认真严肃

深刻地理解教材、准确地把握教材、恰当地处理教材是上好课的前提,也是教师教学水平高低的重要标志。教师在备课时,应该端正态度,认真严肃地钻研教材。应该依据教学大纲规定和教学内容要求,逐一列出知识点、重难点,以便在教学中有的放矢,逐一落实;把握各知识点的深度、难度和广度,注意突破重难点,归纳其方式方法,利于授课时切中要害,化难为易。教师备课时需精心揣摩、反复推敲,才能真正理解和把握教材。

教师切忌把备课当任务,敷衍了事,或照搬现成教学资料,投机取巧,或满足于已有经验的浅尝辄止。这些都不可能使教学达到应有的深度和广度。

2. 依据教学大纲和教材

教师备课必须以教学大纲和经批准使用的教材为依据,不能根据个人兴趣和爱好随意取舍,要体现一门课程的完整性和科学性。

3. 求新求实,与时俱进

各种大众传播媒介迅速发展,使得学生能通过各种书刊、报纸、电视、电脑等媒体及自身的生活实践,不断地接受知识的刺激,学生的感性知识变得前所未有的丰富,这就要求课堂教学内容也应及时地反映新的知识信息。教师备课要善于利用学科的最新研究成果和教学资料。一要博览、拓宽视野;二要取其精华,灵活运用。应紧跟时代要求,与时俱进,通过对教案的编排、设计,选择最佳的教学方法,因势利导,因材施教,给学生解惑、点拨和指导,以达到最佳的学习效果。教师切忌一份备课笔记或教案多年不变,或者以教材和胸中的知识储备代替备课笔记。

4. 以学生为本

教师应摆正位置,以学生为中心,尊重学生,把爱心和耐心体现到备课当中。教师备课既要对大纲"心中有数",还要"胸中有书",更要"目中有人"。现代教学理论强调学生是学习的主体,教师的"教"要落实到学生的"学"上。教师如何引导学生的思路,如何调动学生学习的积极性、主动性,师生之间选取什么样的交流方式,这些问题都必须周密思考,并体现在备课之中。教师备课要从重视教师的"教"的构思转向重视学生"学"的引导,才能让学生成为学习的主人,让更多的学生体会到学习的乐趣,融入到活跃的学习生活中去。

5. 熟悉学生,关注差异

教师备课时既要研究教材知识体系,更要熟悉学生的实际水平,应将学生与课本知识之间的差距作为教学设计的着眼点,以系统、整体、联系的观点去把握学生已具备的知识水平和潜在的通过教育能达到的知识水平。

在备课时不仅要分析班级的整体情况,还要熟悉不同层次水平的学生个体。教师在备课时要针对不同类型的学生和教学内容,选择不同的教学方法,不仅要保证水平高的学生能够"吃得饱",更要保证水平低的学生"能消化",使全体学生都能得到最大可能的发展。

6. 教学设计富有创造性

在备课时,教师应充分发挥智慧,创造性地设计教学。教师不应过分依赖教科书和教学参考书。教师在备课时要备"活"课,绝不能把教参当作惟一"向导",而要活用教参,凭自己的深刻领悟,备出新颖独特、有个性化特点的课。要跳出"教教材"的圈子,引导学生体验和领悟教材的精华,让教材成为学生积极发展的广阔天地,通过激活教材使教学达到一种新的境界。

7. 注重实效,提高课堂效益

教师备课不能搞形式主义,不能为了应付学校的考核,只注重书写是否漂亮工整。教师应该把精力主要放在教学目标和重难点的确定、教具的运用、教学过程的精心设计等方面。教师备课要注重实效,以提高课堂效益为目的。

二、请教礼仪

教师在教学准备工作中如果遇到自己不能解决的问题,经常会向其他教师或职工请教。在请教过程中,教师需要注意的礼仪规范有以下几个方面:

1. 语言文明礼貌

礼貌语言在一定程度上标志着一个社会的文明程度,一个人的语言反映一个人的精神世界。"礼貌是人类共处的金钥匙"。教师在向别人请教时,常用的礼貌用语有:(1)"您好,打扰您一会儿";(2)"我有一个问题向您请教";(3)"请多指教";(4)"这方面的问题还请您多指导,多帮助";(5)"谢谢您的建议";(6)"麻烦您了";(7)"以后还要向您多学习"。

2. 态度诚恳谦虚

教师向其他教师请教问题时,态度要诚恳谦虚,说话要真诚、坦然。"能者为师",自己不知道或不清楚的问题就应该虚心向别人请教。要注意所提问题应简洁、明了,语气谦恭、和善,语速均匀适当,语言表达委婉得体、有艺术性。切忌虚伪做作、华而不实或轻慢无理、语气生硬,倘若这样,对方就不乐意与你交流。

3. 认真耐心倾听

在别人回答问题时,教师应该认真耐心倾听。倾听对方发言,要保持良好的坐姿,面部保持微笑。要全神贯注地听对方讲话,目不斜视地看对方,不能有漫不经心的举止。倾听对方说话要有耐心,不随便打断对方的话,不争吵。要积极响应,认真思考,通过点头、微笑、提问等方式积极作出信息反馈,就不理解的地方有礼貌地请对方再讲清楚,就不同的意见与对方诚恳地商讨。倾听对方回答要能把握重要内容,并能简要转述,用作笔记的方式以示对对方谈话的重视。

4. 尊重对方意见

教师在请教别人问题时。应把他人的经验之谈作为宝贵财富。教师应尊重对方的意见,虚心向对方学习,这对于自身的提高是大有益处的。如果在尊重对方的同时虚心向对方学习,那么对方的经验就可能转化为自身的经验,对方的教训就可能转化为自身的借鉴。在和对方学术交流、思维碰撞的过程中就可能会产生单凭个人冥思苦想难以出现的思想火花和灵感。

三、调课、停课礼仪

教学工作是学校的中心工作。完成教学任务是每位教师的职责,课程表是学校教学活动中最基本的依据,任课教师必须按照课程表进行教学活动。教师如有特殊情况,不能按课程表上课,要按照学校调课、停课的规定来办理,遵守相关的程序和规范,体现教师应有的礼仪素质。

(1)需要调课、停课的教师应提前提出申请。

(2)课程需要进行调整的教师,应先提出书面申请,遵守学校规定,按照程序办理具体手续,调课、停课由教务处统一安排。教师不能私自到教务处要求调整课程。

(3)教师切忌随意调课、停课,应根据课程表合理安排其他事情,不能因为其他事情任意冲击教学。课程表是学校教务部门的指令性安排,不能随便调动。教师不能私自变更上课时间或地点,也不能随意更换任课教师。教师擅自调课、停课,都属于教学事故。

(4)教师在填写调课、停课申请表前,应征求教学班学生的意见,临时调课的教师应负责向学生说明原因,做好解释及善后事宜的处理。

(5)教师要确认教学班学生得到调课、停课的通知。

(6)课程调动后,教师应按照调好的时间、地点上课。

课堂教学礼仪

课堂教学礼仪是指教师在课堂教学活动中的仪表、仪态等所显示的精神文明风貌。它是教学活动的组成部分,尤其是教师进行教书育人的重要辅助手段。教师以浓厚的思想感情、庄重大方的仪表、和蔼可亲的仪容、彬彬有礼的语言给学生做示范,会潜移默化地影响学生,以至终生。因此,教师在课堂上应讲究礼节、风度,时时谨慎、处处垂范,以自身良好的礼仪风范为学生树立榜样。

一、课堂问候礼仪

师生相互问候是课堂教学的起始阶段,也是教师课堂礼仪必经的第一程序。师生问候的实际意义在于表示师生双方彼此尊重,相互显示亲切,具有情感导入功能,是营造学习氛围的开端。为此,教师应做到:

（1）坚持预备铃响后 1 分钟内到位。教师到达教室门口时，应面向学生侧身站立，检查班级学生课前准备的情况，创造良好的教学氛围。

（2）上课铃响起，教师进入课堂走上讲台，学生要全体起立并向教师行注目礼，教师应环顾全体学生，然后师生之间相互问好，教师向学生行鞠躬礼致谢，等教师还礼后学生坐下。课堂礼仪过程虽然简短，但气氛应庄重，感情要亲切。

（3）下课铃响后，教师应结束讲课，待全体学生起立站好后，师生互道"再见"。如果有本校或校外人员听课，教师应示意学生请听课人员先行，必要时鼓掌欢送。

二、课堂语言礼仪

课堂语言是教师用以"传道、授业、解惑"的特定语言，是师生实现沟通、交流的主要载体。教育家苏霍姆林斯基说过："教师的语言修养在极大程度上决定着学生在课堂上脑力劳动的效率。"教师要自觉培养文明修养，注重自己的礼貌谈吐，遵守语言的规范性，掌握语言的使用方法，讲究语言的艺术性，准确表达授课内容，唤起学生的求知欲，从而充分发挥语言的作用。

1. 课堂语言的礼仪规范

（1）语言文明健康。

学校是传播精神文明的重要场所，教学是正面引导学生健康发展的活动，教师是学生的榜样和楷模，教师的一言一行应透射出文明的光辉。教师可以通过课堂语言来塑造学生磊落的人格魅力，培养学生坚强的意志品质和高尚的道德情操。因此，课堂语言必须注意积极向上、文明健康，符合语言美的要求。讲述低级趣味、庸俗无聊的话语，列举荒诞无稽、迷信古怪的事例，只会给学生带来不良影响，必须加以抵制和杜绝。

（2）使用普通话，讲求语言规范。

标准的普通话是教师的职业语言。在实际教学中，如果教师能用一口纯正、流利的普通话文雅规范地授课，无疑会对学生学习产生良好效果。此外，教师语言规范还表现在遣词造句方面要符合普通话的规范和现代汉语的习惯。

（3）语言准确，讲求科学性。

语言准确，讲求科学性，这是对教师课堂语言礼仪规范的基本要求。教师在课堂上要准确地使用概念，科学地做出判断，合乎逻辑地进行推理，从而准确无误地讲解知识,透彻精辟地说明道理。各科教学都有其严密的科学性和系统性。教师上课必须使用准确、严密的语言。含糊的、模棱两可的课堂语言,既不利于学生对知识的正确理解和接受,也不利于学生良好语言习惯的形成。

(4)语言简洁,条理清晰。

由于受到时间、空间和教学内容的制约,教师课堂语言要做到简洁、精练、条理清晰、表达准确,应避免冗长、任意延伸。简洁的课堂语言,有利于讲清教学重点,突破教学难点,增加课时应有的容量,提高教学效益。教师在课堂讲授时,叙述要中心明确、有的放矢、有层次、有重点,用简洁的语言传达丰富的信息。课堂语言中,那种累赘重复的叙述,东拉西扯的引证,纷繁琐碎的举例说明,不仅会使学生把握不住知识的要点,理不清教师讲课内容的主次脉络,而且会使学生感到乏味没内容,以致听课走神。

(5)语音自然清晰,语调抑扬顿挫。

教师的课堂语言应注意语音柔和动听,亲切自然,吐字清晰,发音纯正饱满。语句流畅,语速舒缓,使学生听得清楚,记得明白,而且还给他们留下思考的时间。发音有力,音量适中,保证教室里后排的学生能听清所讲内容。同时,在讲课过程中,教师的语调应抑扬顿挫、变化有致,要有一定的节奏感和音乐美。对不同内容、不同情调的教学内容,应运用相应的语言表达。在不同的教学阶段,要注意节奏变化,根据教学的实际需要,或点拨、或模仿、或激情澎湃等。

(6)语言生动形象,具有艺术美。

好的语言表达往往含蓄深刻,生动活泼,具启发性,有幽默感,使人能从中得到高雅的享受。首先,教师的课堂语言要具有含蓄美,说话应讲究分寸,锤词炼句,蕴含深远。讲述之前要考虑所表达内容的轻重、主次,选择恰当的措辞和表述方式,使语言优美耐听,给人一种体味不尽的美感享受。其次,课堂语言要生动形象,通俗易懂。再次,课堂语言应幽默风趣,教师集思想、学术、智慧及灵感于语言表达之中,不仅能营造良好的教学氛围,还能用哲理启迪学生,发人思考。

2. 课堂语言的禁忌

(1)忌污言秽语。

课堂上,无论何时何事,教师都不能使用脏话、粗话、黑话,这些不文明的语言都有失教师身份,并给学生带来恶劣影响,是教师职业道德所不允许的。

(2)忌带口头禅。

口头禅是一种语病,有两种类型的口头禅会严重影响教师的形象。一是傲语口头禅,如"你懂什么"、"我告诉你"、"你得了吧"等不礼貌的口头语,常会给人自以为是、盛气凌人的感觉。二是废话口头禅,如"怎么说呢"、"这个"、"那个"、"对不对"等,这些词语往往只是说话者的一种语言习惯,在句子里没有实际意义,但是反复出现,使句子拖沓、紊乱,令人厌烦。教师如有讲口头禅的习惯,就要尽快改正,以免影响学生。

(3)忌"一言堂"。

对话是交流的基础,有对话才有交流,有交流才能产生情感。课堂是师生双边活动的场所,不是教师独领风骚的舞台。课堂教学中与学生互动时,教师不宜滔滔不绝地将自己的好恶、想法全部说出来,只管自己尽兴,始终不给学生说话的机会。切忌学生回答时,当场纠正学生话语里的错误,或时常修改、补充对方的意见,打断对方的思路。

因此,教师在课堂上要根据授课内容启发学生理出学习思路,独立思考;摸索学习方法,自主学习;排除思想顾虑与同学讨论交流等。教师在认真倾听学生的发言后,要及时评价,触动学生学习的动机,使他们能围绕学习内容,有滔滔不绝的话题。

(4)忌话题庸俗。

诙谐幽默的课堂语言绝不是戏剧丑角的插科打诨,或胡说些与教学无关的笑料。要注意语言"通俗"不是"庸俗"。有些教师为了让课堂气氛轻松一些,扯出一些庸俗的话题和讲一些俗不可耐的事取悦学生,这与"通俗"的要求是大相径庭的。

(5)忌说话刻薄伤人。

教师在讲话时不可尖酸刻薄,出口伤人。如果话语中充满恶意,肯定会伤害学生的自尊心、自信心。在课堂中,即使学生有不良情况发生,教师也不可挖苦讽刺,应尽量使用委婉的语言表达。

(6)忌飞短流长地议论别人。

在课堂中,教师切忌传播闲言碎语,背后评论非议他人,恶意中伤别人,这是既不文明也不道德的行为,只能表明教师自身缺乏教养。

3. 态势语言的礼仪规范

在课堂教学中,教师不仅使用口头语言传情达意,还会使用各种态势语言来辅助师生之间的交流。教师在运用态势语言时应注意以下几点:

(1)面部表情。

①面部表情和所讲的内容协调一致。比如,讲到喜悦的内容时,应该眉毛舒展,眼睛明亮,肌肉松弛,脸上充满笑意;讲到沉痛、悲哀的内容时,应该眉头紧锁,肌肉收缩,目光集中,脸上充满哀痛之色。

②面部表情应该以微笑为主,这样会缩短师生在思想上的距离,营造融洽的教学气氛。学生答对题时,可以微笑着点点头,表示赞许;答错时,可以微笑着摇摇头,表示"你答错了,请再想一想"。这样,就可以让学生在和谐的气氛中接受知识,受到教育。

(2)目光。

①目光分配要合理。教师的目光应光顾到教室的每一个角落,以便和学生交流情感、沟通思想。既不能长时间直视某个学生,也不能使任何学生被冷落。让教师的目光与全体学生保持"对流",使教师的目光成为课堂气氛和学生情绪的"控制中枢"。

②注意控制目光。"眼睛是心灵的窗户",眼能传微妙之情,也能达复杂之意。冷峻的目光使学生产生疏远感,热情的目光使学生产生勉励感,轻蔑的目光使学生产生逆反感。因此,教师在课堂上,要注意控制、调整自己的情绪。不迁怒,不将不良情绪带入课堂;不激动,不因偶发事件刺激而发怒。始终以平和的心、微笑的脸、慈祥的目光激发学生的求知欲。

③克服"目中无人"的倾向。教师应将目光全部投入学生,力戒两眼直盯课本或教案。

(3)手势。

①大小适度。在课堂上,教师手势动作幅度不宜过大,次数不宜过多,不宜重复。

②自然亲切。教师在课堂上,多用柔和的曲线手势,少用生硬的直线条手势,以拉近师生间的心理距离。

③恰当适时。教师讲课应伴以恰当的、准确无误的手势,以加强表达效果,并激发学生的听课情绪。切忌不停地挥舞或胡乱地摆动,也不要将手插入衣兜或按住讲桌不动。手舞足蹈会令人感到轻浮不稳重,过于死板

又会使学生感到压抑。总之应以适度为宜。

④简洁准确。手势是教师最明显、最丰富,也是使用最频繁的教具之一。在讲课讲话时,手势要适度舒展,既不要过分单调,也不要过分繁杂。手势应该正确地表示感情,不能词不达意。

三、课堂提问礼仪

课堂提问是教师根据教学目标联系教学重点,向学生提出问题,并引导学生经过思考,对所提出的问题得出结论,提出自己的看法,从而获得知识、发展智力的教学方法,这是课堂教学的一个重要手段。它将教师、学生、教材三者有机结合起来,是师生课堂交流的主要方式。在深入开展素质教育的今天,教师应充分地调动学生的主观能动性,激活学生的创新意识,课堂提问无疑是培养学生能力、发展学生智力的有效途径,课堂提问的成功与否是课堂教学成败的关键。因此,在课堂教学中,教师掌握必要的课堂提问的礼仪规范对提高教学质量具有重要意义。

1. 提问的目标要明确

教师设计课堂提问要有明确的目标性,即扣紧目标设计问题。问题是教学目标的具体化,问题的设计必须紧扣本节课的教学目标,围绕教学内容的重难点和学生原有的认知结构。教师应精挑细选所提问题,使之切中学生的疑惑之处,并设置悬念,启发学生思维,学生需要调动已学过的知识,并且重新构建自己的知识结构,还需要合作学习、交流,才能解决这个问题。教师应引领学生不断地思考和学习,而不应偏离教学目标提出一些又偏又怪的问题,也不应为了提问而提问,注意克服课堂提问的随意性。

2. 提问的难度要适宜

教师设计课堂提问要能激发学生积极思维。过深、过难的问题,学生站起来一大片,谁也回答不了,最后只好由教师自答,这样的提问没有实际效果。过浅、过易的问题,学生不假思索即能对答如流,不仅无助于思维能力的锻炼,而且在表面上看似繁荣的背后,会养成浅尝辄止的不良习惯。因此课堂提问既不能让学生觉得高不可攀,也不能让学生觉得唾手可得,而应该让学生"跳一跳,够得着"——问题要落在维果茨基所说的最近发展区内,给学生思考的时间和空间,向学生的智力和创新能力提出挑战。要让学生感觉到问题很熟悉,运用已有的知识和经验又无法解决,必须重新构建自己的知识结构。由此可见,教师提出的问题要难度适宜,需要学生探讨协商,再加上教师的启发、点拨、提示,最后才能完成对这一问题的认识。

3. 提问的机会要均等

教师提问的机会要平均分配于全班学生,不要只向少数课堂表现积极的学生发问。对于不同的对象,提出的问题也可有所差别。优秀生的思维相对活跃,可以向优秀生多提一些难度和相对较高的需要快速作出反应的问题。中等生知识素质、能力基础"比上不足,比下有余"。可以向他们多提一些相对适中的、利于提高其自觉参与意识的问题,从而促进其全面发展。对于较差的学生,教师提问时要注意同时提问成绩反差较大的两个或两个以上的学生,教师要求成绩较差的学生作主要回答,成绩好的学生作补充回答,教师自己作修正性回答。这种方式具有示范效应,能促进后进学生的热情,调动其学习积极性,提高学习自信心。因此,教师在课堂上提问学生时,注意提问对象要普遍、机会要均等。

4. 提问的时机要恰当

在一个完整的教学单位时间内,只有少数几个瞬间时刻是提问的最佳时间,教师必须善于抓住这些最佳时刻。在上课初期,学生的思维处在由平静趋向活跃的状态,这时多提一些回忆性问题,有助于培养学生的学习积极性,唤醒、激发学生的学习兴趣,起到使学生集中注意力的作用;当学生思维处于高度活跃状态时,多提一些说明性、分析性和评价性的问题,有助于分析和理解所学知识的内容,进一步强化学习兴趣,并使学生保持积极的思维状态;当学生思维处在由高潮转入低潮阶段时,多提一些强调性、巩固性和非教学性问题,这时可以重新激发学生的学习兴趣和积极性,防止学生非学习行为的出现(如讲话、打瞌睡、看课外书等)。

教师应当先向全体学生发问,并留有充分的时间,让全班学生思考一番,然后再指名回答,而不应该在发问之后,就匆匆指定学生回答。这样可以使全班学生注意教师所提的问题,并使全班学生都在心中试拟一个答案,进而更好地对自己或别人的答案加以评价。

除此之外,还要注意提问前的准备状态和提问后的等待时间。

(1)提问前的准备状态。

在教师的思维与学生的思维基本保持一致的情况下提问可以取得良好的效果。如果两者的思维不同步,那么教师可在提问之前,利用"先行组织者"对学生激思、设疑、释义,造成学生的"愤悱"状态,然后再提问,所谓"不愤不启、不悱不发"就在于此。

(2)提问后的等待时间。

在提问后,教师究竟应等多长时间,现在仍是个众说纷纭的问题。有人认为等待时间至少3秒钟,有人认为10秒钟以内,大多数人认为等待时间应根据问题的难易程度和学生的接受能力而定。

恰当的等待时间具有如下好处:

①学生可以回答较多的内容。

②学生可以主动而且恰当地回答问题,减少一问三不知的现象。

③增强学生回答问题的信心,增多创造性思维的成分,提高迟钝学生的学习积极性。

④减少以教师为中心的现象,增强师生间的情感交流和相互影响。

5. 提问的对象要随机

提问不宜按照一定的次序进行,如按学生的学号、座位号的顺序依次发问,这种机械的发问方法,使学生轻易就推测出这个问题应该轮到哪位学生解答,而对于其余的学生来说就可以不注意听讲了。所以教师提问时,不要有一定的次序,要使学生无法推断下一个问题该轮到谁去解答,因而必须集中注意力听讲。提问时,教师要把问题表述清楚,问题说出之后就不要再重复,以免养成学生不注意教师发问的习惯。

6. 提问的评价要积极

在整个提问的过程中,对学生的回答,教师要随时进行判断,对学生是否掌握了相应的知识、掌握的程度如何等进行公开评价;保护学生回答问题的积极性,从而进一步调动学生学习的积极性。为此,教师应该做到:

(1)以表扬为主,批评也要体现爱心,不能出现伤害学生自尊心的字眼。

(2)鼓励求异。教师应允许学生有不同的见解,不能用统一的标准去划定学生的答案,应鼓励学生对问题有个性化的理解,教师更不应该对学生的答案持否定态度,不要轻易下"不正确"、"错误"等结论。明智的做法是:面对学生认识的不一致、观念的分歧、思想的碰撞,教师要给予充足的时间,让他们分别表明自己的立场,阐述自己的理由。当学生正在发言时,教师千万不能急切地打断他们,或是把自己的观点强加于学生,或代替学生过早地下结论。即使课堂时间不允许深入探究,也应该在课后对学生有所交代。

（3）帮助有困难的学生。学生站起来说"不会"，情况是复杂多样的。这时教师不应马上叫学生坐下，可以再复述一遍问题鼓励学生回答；也可改变提问的角度或添加辅助性的问题引导学生回答。有经验的教师总不放弃回答问题的任何一个学生，即使多次启而不发，也请学生先坐下，让他听别人的回答，然后请他复述一遍。这种评价的做法对转变差生、大面积提高教学质量是大有益处的。

7. 正确控制影响提问的因素

教师提问时的面部表情、身体姿势和体态以及师生间的空间距离，这些因素能支持、修饰和代替言语行为所难以表达的感情和态度。比如学生对自己回答问题的正确与否可以从教师的面部表情中获得暗示，可以从教师目光中识别是信任、鼓励，还是不耐烦、不屑一顾，从而增强或减弱学生回答问题的自信心。再如师生间的空间距离也可影响师生间的对话交流和知识传递。

教师本身的动机、兴趣、态度、情绪等方面对学生的思维发展也有一定的影响，如教师提问时持积极的态度，学生从教师愉悦的态度中，可以得到鼓舞和激励，从而增强学生回答问题的自信心；反之，如果教师提问时表现出不耐烦、责难的态度，学生就会产生回避、惧怕甚至抵触情绪，从而阻碍问题的解决，不利于学生的全面发展。因此，教师在课堂提问时，应正确控制以上影响因素，提高课堂提问效益。

四、课堂板书礼仪

板书是课堂教学中的一个重要组成部分。有人说黑板是教师的"责任田"，形象地道出了板书的重要性。好的板书能加强理论教学的直观性，能更加突出教学重点，显示某种条理、提纲挈领，起到画龙点睛的作用，同时还可以帮助学生加深印象和理解，增强学生的感受能力，使其获得一种美的享受。因此，教师要认真设计好每节课的板书，重视板书的礼仪规范。

1. 板书的礼仪规范

教师在课堂教学中的板书应注意以下几点：

（1）板书文字应简明扼要。

"文贵精，不贵多。"板书应化复杂为简单，给人以一目了然的感觉。这就要求教师在编写教案时，要注意掌握教学重难点，要分清轻重主次，抓住带有关键性的环节，预先明确板书部分的内容，文字要反复推敲、筛选，尽量做到在黑板上"写下的是真理"。

（2）板书字迹要端庄秀丽,大小适度。

不写错别字、潦草字和不规范的简化字。为了激发兴趣,启迪思维,特殊字、词可以采用变体,但必须以学生的理解和接受能力为前提,不能故弄玄虚。

（3）板书线条、符号要运用得体。

板书中的线条、符号犹如集成块中的线路、元件,各有其独特的不可替代的作用。一般来说,虚、实线常用来表示"连接"的意思。虚线有时表示"暗线",实线则表示"明线";虚线表示"远距离",明线表示"近距离"。折线表示升降、曲折,箭头指示方向,三角符号表示重点提示。除此之外,还有开合号、括号、标点符号等。

（4）板书布局、组合要合理。

主板书居黑板中上醒目位置,辅板书分置两边。主板书排列要遵循一定规律。例如:对比式适于通过比较揭示文章中心,回环式适于直观显示事物联系,开合式适于表现文章的结构层次,阶梯式适于体现空间位移等。教师应科学地划分黑板的区间,形成合理的布局与使用习惯。同时,板书有多种形式,教师应根据授课的类型、内容的不同而选择与之相适应的形式。

（5）板书色彩要搭配适宜。

教学实践证明,板书中恰当地运用色彩,不仅能收到赏心悦目的审美效果,而且能激发学生学习兴趣,增强学生对知识的理解。一幅纯白色的板书无疑会使人感到单调乏味,稍有"点缀",既突出了重点,又不显平淡,其效果就会大相径庭。值得注意的是,板书中的用色一定要少而精,切忌五彩斑斓。

（6）板书图示应具有形象性和启发性。

图示要针对教学重点、难点来设计。教学中,借用图示的直观形象性来启发学生悟出蕴含的意思,可以增加趣味性,降低教学难度,达到突出重点、突破难点的目的。图示一定要简洁明了,几笔成形。

（7）板书与其他教学方法要达到有机的统一。

比如讲解,在教学过程中,板书时应同步用口语复述其内容,让学生的视觉和听觉得以互补。讲写脱节既不利于学生感知,也会降低教学效果。此外,在分层板书期间,插入演示、分析、设问等灵活多变的其他方法,将知识内容逐步深入但又不失完整地展现出来,不但能为学生的思索留有空间,而且有利于教师调控学生的注意力和课堂教学的节奏,使教学的双边活动张弛错落,动静交替。

2. 板书的禁忌

(1)板书文字书写不规范。

比如教师常写不规范的简化字或已淘汰的繁体字,英文则花体字和手体杂糅,数字或字母难以辨认,文字时正时草,时大时小,时斜时倒,又画圈又加杠,又增字又调行,给人一种治学不严谨的感觉。学生则猜疑不定,在课堂上或交头接耳,或相互转抄,或举手发问。这不仅影响了教学秩序,而且会造成学生的厌烦心理,教学效果自然也就不会好。

(2)板书内容拉杂。

板书看上去又多又实,面面俱到,但实际上逻辑不清、条理紊乱,学生抄得很苦却把握不了,教师写得很累却还要费口舌解释。这样的教师往往不是靠拖堂弥补,就是完不成课时计划。

(3)板书单调呆板。

板书八股气十足,反映了思维方式的单一性。比如有的教师最拿手的就是方面之中有大点,大点下面有小点,小点后面还有 A、B、C。这样开药方似的板书虽然便于记忆,但并不利于调动学生的思维能力,不利于培养学生的创新意识。

(4)板书零星散乱,随心所欲。

有的教师写板书时往往是东写写、西画画,信手写完随手擦,不能反映思维的连续性和整体性。面对这样的板书,学生是无法将这些零星散乱的知识点贯穿起来的,更谈不上理解和掌握,而且还造成学生感官的疲劳与笔记的无所适从。

课后反馈礼仪

课后反馈是教师、学生之间互动沟通的过程,是整个教学过程的重要一环。教师通过课后反馈能及时了解学生对知识的理解及掌握情况,为随时调整教学进度、选择教学方法和教学手段提供依据,以便更好地因材施教。课后反馈与课堂教学是相辅相成的,因此,教师要重视在课堂教学之后与学生的交流反馈,在师生互动中讲究文明礼仪,以达到良好的效果。

一、课后辅导礼仪

课后辅导是教学环节的重要组成部分,是教师了解学生和检查教学效果的一条重要途径,是解决统一教学与学生个性差异矛盾的主要措施之一。只有把课堂教学与课后辅导紧密结合起来,才能不断提高整体教学质量,发现和培养学生的个性特长。在课后辅导中,教师的言行要符合一定的礼仪规范。

1. 忌直接作答,宜点拨思路

在辅导时,学生常会问:"这个问题怎么回答?"这时,教师不宜简单地直接给出答案,更不能越俎代庖,而要引导学生分析、讨论,让学生充分参与。我国古代教育家孔子早就主张教育学生要循循善诱,"不愤不启,不悱不发"。也就是说,不到学生苦思苦索还想不通时,不去开导他;不到学生深入思考有所体会,想说又不能恰当说出来时,不去启发他。教师只能在解决问题的思路上给学生以点拨,帮助学生找出使其思维受阻的关键环节。所以,在课后辅导答疑过程中,教师不能一问一答,满足学生会背一个定义,会看会画一个图,而应该帮助每一个学生去发现问题和解决问题,注意培养和发展学生的思维能力。

2. 忌正面纠错,宜适当反问

"知其然,而不知其所以然",就谈不上对问题的真正理解。因此,在辅导中,面对学生存在的这样或那样的错误,教师不一定都正面纠错,而应适当反问,通过反问,学生认识到出错的根源,从而得到启迪,加深了对问题的理解。

3. 忌条条框框,宜探索创新

学生已掌握的知识以及长期形成的思维习惯往往会影响他们对新问题的理解和把握,因此在辅导的过程中,应鼓励学生敢于突破已有知识的界限,打破旧知识的条条框框,进行发散思维,这对培养学生的创新精神大有益处。

4. 忌简单回绝,宜循循善诱

在辅导的过程中,经常会遇到部分学生提出一些超前的或离奇的问题,这时,教师不要简单地用"还没学到"、"超纲了"或"这不需要知道"等随便应付了事,更不能对提出离奇问题的学生讽刺挖苦,伤害学生的自尊心。因为学生毕竟是经过一番思考才提出这些问题的,简单回绝只会压制学生探索问题的强烈愿望。如果教师给予鼓励和引导,帮助其提高对某一问题的认识,那么就能培养学生思维的主动性和积极性,增强其探求科学的思想和意识。

5. 忌厚此薄彼,宜一视同仁

课后辅导有的教师往往只盯上几个尖子生,对他们提出的问题热情有加,且能做到循循善诱;而对成绩平平或较差的同学,则冷眼相对,敷衍了事。长此以往,势必会使大部分学生丧失对教师的信任,滋生与教师的对立情绪,进而发展到不愿学习这门课的地步。因此,教师在辅导时对待学生要一视同仁,切忌厚此薄彼。

6. 忌态度生硬,宜热情主动

学生本来对教师就有畏惧心理,尤其是成绩差的学生,他们在请教教师问题时有三种心理状态:一是有顾虑,怕提出一个很简单的问题被教师嫌弃,被同学取笑;二是抓不住问题,不知问哪个好;三是没机会问。如果教师在课后辅导时再态度生硬,他们有问题根本就不敢问,这样,教师就无法真正做到与学生的沟通,了解学生对课程的掌握情况。因此,作为教师,特别要注意态度,要主动热情,应鼓励学生多提出问题,引导帮助他们解决问题,并主动地帮助差生找出存在的问题,使他们对教师产生好感和信任,树立信心,提高学习的积极性。

7. 忌居高临下,宜平等耐心

在辅导中,教师不能以居高临下或嫌弃厌恶的态度对待学生。"这个问题太简单了!""这都不知道!"教师类似的回答会大大挫伤学生的学习积极性。教师应以平等的姿态与学生交流思想,使学生得到启发。对于学生提出的各式各样的问题,教师应耐心听取,并迅速判断问题的性质:要明确学生是提出问题,还是询问答案;是概念不清,还是未掌握方法;是课堂知识,还是超出课本的知识等。从这些问题中了解学生的思路和疑难之处,然后再细心地引导和解答。对于反应慢、接受能力差的学生,教师不能横加指责。教师更要多花点精力,加强具体的、个别的辅导,要弄清原因,耐心讲解,把问题讲得透彻一点,通俗易懂一点。

二、批改作业礼仪

作业批改是教学的一面镜子,也是师生交流信息的一个窗口。通过这个窗口,教师能够及时了解学生掌握知识的情况,矫正学生学习过程中的失误,弥补学生知识的缺陷,促使学生进一步巩固基础知识。教师如果能按照书面礼仪规范,灵活运用个性化评语来批改学生的作业,往往能够激发学生强烈的学习兴趣和热情,使教学工作取得事半功倍的效果。

1. 批改作业的礼仪规范

批改作业的礼仪规范具体表现在以下几个方面：

（1）批改作业一律使用红色墨水。

（2）按照教学常规中各学科设置的作业，要求做到全批全改。

（3）批改符号原则上应求一致，圈画要有规范，自成体系，一目了然。

（4）每次作业教师应及时地进行批阅，认真评分，所给分数、批改日期，写在学生作业结尾的下一行里。

（5）当学生作业中出现问题时，教师不能只做简单的判断，而应该注意运用多种手段启发学生，引导学生自己发现和纠正错误，不能重批轻改。

（6）作业应尽快批改发还学生，并督促学生详加研读，或加以讲解以发挥批改的效果。这有助于培养学生按时完成任务的责任感和良好的学习习惯。

（7）在批改作业中要善于发现教学中存在的问题并及时补救，要有启发性、鼓励性的批语，以激发学生的上进心。

（8）作业如有错误，教师应予以订正，应指导学生重做或指导学生自行订正直至正确为止。订正的作业，教师同样进行批改，并标上批改时间。

（9）对书写整洁、解题具有独到之处的学生，教师要有针对性地批注。尽可能地使用鼓励性手段，肯定为主，否定为辅。对于学生作业中新颖的观点或解题方法，无论是否完全正确，教师都应表示出赞赏与鼓励。

（10）对不同对象采用不同批改方法。对优等生鼓励他们进行发散性思维；对中等生重在"点化开导"，帮助其理清思路，总结规律；对差生则应"关怀备至"，强化其基础知识、基本技能的掌握，唤起他们的上进心，增强学习兴趣。

（11）批改学生作业，教师应注意字迹工整，认真仔细，以示对学生劳动的尊重。对错题多的学生要进行面批。

2. 使用评语的礼仪规范

教师批改作业不仅要判断正确、了解学生的认识水平，还要注意对他们非智力因素的评价。恰当的评语可以激发学生的学习兴趣，强化学习动机，养成良好的学习习惯。带有感情色彩的评语，能使学生感受到教师对他的关爱和希望，从而使学生逐渐产生浓厚的学习兴趣。

教师可以用恰当的评语委婉指出作业中的不足。例如，"你很聪明，如果字再写得好一点，那就更好了！""看到你在进步，我很高兴，希望你继续努力。"……教师在写评语时，要注意语言简洁、明了，自然、亲切，充满期望、富有启发性。事实表明，坚持为学生写出恰如其分又情深意切的批语，使教学信息在传递与反馈中产生最佳效果，能充分调动学生学习的主动性、积极性和创造性。教师的评语应充满爱心，具有启发性和鼓励性，才能显示出教师人性化的礼仪规范。

3. 批改作业禁忌

（1）反馈时间过长。

当前教师的工作量普遍偏重，造成每次作业批改的周期较长，反馈时间短则两三天，一般为四五天，长的竟达一个星期。学生作业中出现的问题不能及时解决，正确的得不到强化，错误的得不到及时改正，实际上已经失去了批改作业的信息价值，从而影响了教学质量。

（2）反馈信息量过小。

有的教师批改作业只是"蜻蜓点水"，简单划上对错号，不能做到对每个学生的作业认真评论或改正。等作业发下来，学生看到的只是对错号，却不明白错因，如此反馈，信息量过小，作业利用价值不大。

（3）校正措施不力。

因为反馈时间过长，作业返回到学生手中时，已学过几天，加上课业负担较重，学生根本没有时间回头复习旧课以及校正作业中存在的问题，这就形成了问题遗留，违背了循序渐进的学习过程。

（4）批改作业情绪化。

有的教师批改作业容易随心情的变化而变化：心情好，随便给高分；心情不好，只要作业稍有不满意处，便红"×"满目。这样做，教师的情绪会不经意间影响学生的情绪，影响学生的心理健康。所以，教师批改作业时一定要避免"情绪化"。

（5）评价要适度。

避免出现"优"泛滥的现象，即为了树立学生的学习兴趣和自信，只要学生作业按时完成，一律以"优"定论；避免"优"吝啬的现象，即以"严格要求"为宗旨，作业稍有错误或书面不整洁，便一票否决，与"优"无缘。这两种现象均不可取，教师批改作业时一定要做到评价适度。

三、试卷点评礼仪

考试是教学评估过程中的一个重要组成部分，教师应充分利用其测量与评价反馈功能,鼓励学生追求真才实学,帮助学生找出学习过程中存在的不足。考试结束以后,教师要对试卷进行批阅和评讲,对试卷作全面分析,对问题进行矫正,让学生从成功中总结经验,从失败中吸取教训。

试卷批阅的规范性是教学规范化管理的重要内容,也是教师教学礼仪、态度、素质的重要体现。

1. 试卷批阅的礼仪规范

批阅试卷的礼仪规范具体表现在以下七个方面:

(1)试卷一律用红笔批阅,批阅标记要清晰,字迹要端正。

(2)试卷批阅时每部分扣分均应在对应项目处标明。

(3)试卷每部分得分应在答题纸相应栏目框内注明。

(4)卷面成绩必须准确,切忌发生加减错误。

(5)对照试卷参考答案进行批阅,评分标准应统一、严格、规范。应一视同仁,体现教师批阅的公平公正。

(6)阅卷教师应签名。

(7)试卷批阅时应做到卷面干净整洁,不宜涂改,更不可在卷面上出现随意加分或减分现象。如确需涂改,务必在修改处签上批阅教师姓名。各项得分栏目框及总分框内数据如有涂改,也应签上教师的姓名。

2. 试卷讲评礼仪

教师讲评试卷,应通过对试卷的分析,抓住学生问题的要害,指导学生掌握解题的思路、方法和规律,使学生不仅能知其然,而且能知其所以然,从而举一反三,触类旁通。讲评试卷时,教师要精心准备,抓住典型,择其要点,精讲精析的同时延伸发散、归纳技巧,更要发挥学生的主观能动性,尽可能地调动他们的积极性。教师讲评试卷应建立在规范、宽容、理解、尊重的基础之上,照顾到每位学生的心理感受,体现出教师的崇高情怀与严谨的礼仪规范。

(1)备好试卷讲评课。

在讲评前,教师应将试题亲自做一遍,搞清楚每一道试题的前因后果,来龙去脉;核实每一道试题的答案,不能有丝毫的含糊。如讲评选择题,不仅要搞清楚为什么选择这一项,而且要明白为什么不选其他项。对在哪里,错在哪里,必须清清楚楚,切忌似是而非。教师要明确考查目的,将试题研究透彻,分析失误原因,总结失误类型,备好讲评材料,使讲评达到最佳效果。

(2)试卷讲评要抓住重点,讲典型。

试卷讲评要具有高度的概括性和极强的针对性。讲评重点应该是考试的重点和难点，不仅让学生明确考试错在哪里，应如何改正，而且从各个方面分析出现错误的原因。试卷讲评课不能从头到尾面面俱到、按部就班地讲，而应抓住共性问题，有选择、有侧重。否则既浪费学生的宝贵时间，又难有成效。

（3）试卷讲评要及时。

学生考试后，都迫切希望知道哪些做对了，哪些做错了。若拖延一段时间才讲评，学生的迫切心情淡化了，所做的题目也淡忘了，讲评的促进作用会受到很大影响。

（4）试卷讲评要有针对性，以提高讲评的实效性。

讲评的目的在于教与学双方通过讲评，发现各自存在的问题，以便在今后教与学的过程中加以解决。试卷讲评课和上新课一样，需要许多艺术和技巧。教师必须充分发挥自己的才智，从多方面、多角度讲评，切莫把答案公布就完事。要根据学生不同的特点采取有针对性的讲评。

（5）尊重学生，营造愉快的评讲环境。

讲评时，教师要尊重学生，只有这样，才能让学生在平等、信任、理解和宽容的氛围中受到激励和鼓舞，才会激发学生的创造性思维。因此，在讲评试卷时，教师要努力做到在心理上与学生协调一致，做到心平气和，增强讲评的情趣性，努力为学生营造轻松、愉悦的环境。

（6）试卷讲评要保护学生积极性。

试卷讲评时教师难免要做一些总结，或表扬鼓励，或提醒告诫，但要掌握尺度，切忌只顾分数，不管其他，一味地表扬好学生，批评后进生。应尽量采用多肯定、少责备的方式来总结考试过程中的得失。讲评中应教育学生正确对待考试，正确对待分数。讲评中要尽量保护学生学习的积极性，激励学生奋发向上的精神。讲评时要特别看到后进生的点滴进步，及时给予表扬鼓励，让他们树立信心求上进。

（7）试卷讲评用语要巧妙。

教师要注重讲评技法，采用适当的语言表达方式。教师语言带有鼓励性，可让学生不时感觉到自己的行为得到了教师的肯定，也可采用各式体态语来暗示鼓励。鼓励不仅适用于学习优秀的学生，更适用于学习不够优秀的学生，因为，鼓励是前进的动力，它能给所有的学生带来希望，增强信心。

教师教学礼仪的演练

教师教学礼仪不是自发形成的，而是通过不断学习、积累而成的。准教师要想成为一个风度翩翩、知书达理的优秀教师，必须经常在日常生活中去演练。可以从以下几方面入手：

第一，思想上要高度重视。教师教学礼仪修养不仅是教师自尊自律的基本要求，影响教师本身的事业发展及自我价值的实现，而且关系到受教育者的健康成长，关系到国家和民族的文明程度。准教师应在思想认识上高度重视，把学习礼仪变成一种经常自觉的行为，内化成一种习惯，并渗透到自己教育教学活动的方方面面，最终成为自然流露，体现出一种良好的个人修养和风范。

第二，以学识为基础。教师教学礼仪修养要以一定的社会人文科学为基础，要对社会文化、社会关系有一定层次的认识和理解。准教师平时要多读书，扩大自己的知识面，丰富自己方方面面的见识。礼仪规范从形式上看，好像没有太高深的学问和技巧，但是，要真正有所修炼，有所造就，没有一定的学识基础是做不到的。

第三，规范言行举止。教师礼仪修养的好坏将直接影响教育教学效果，准教师要想在今后树立良好的形象，获得社会的美誉，就要洁身自好，注重自己的一言一行、一举一动，为培养教师优雅的气质做准备。平时要注意个人形象，如学校的厅堂、楼梯等入口处有镜子的话，随时注意整理自己的仪表。行为处事，待人接物，要注意培养自己的仪态。此外，还应遵守校园文明规范，提高道德品质修养。

第四，提高师范技能。准教师在拥有必要的专业知识的同时还必须掌握一定的师范技能。准教师除了掌握传统的"三字一话"之外，还要掌握计算机的基本操作。准教师要不断提高自身技能，在练习技能的过程中训练教师教学礼仪，通过练习技能不断强化教学礼仪意识。

第五，加强学习和训练。教师教学礼仪修养要以学识为基础，同时还要通过一定的学习和训练才能获得。准教师可以选修或自学如"礼仪修养"课，加强学习这方面的文化知识，还应充分利用教育见习、实习环节，在各类实践活动中进行教师教学礼仪体验，强化教师角色意识。此外，还可以通过学校举办的各种礼仪培训班、礼仪讲座，并针对教师教学礼仪要点，演示礼仪操作，使教学礼仪规范深入人心。

第五章

教师与同事共处礼仪

教师与同事共处礼仪的原则

　　同事是与自己一起工作的人，与同事相处得如何，直接关系到自己的教学工作。如果同事之间关系融洽、和谐，人们就会感到心情愉快，有利于工作的顺利进行，从而促进事业的发展；反之，同事关系紧张，相互拆台，经常发生摩擦，就会影响正常的工作和生活，阻碍事业的正常发展。

　　同事之间要彼此尊重，而不要"文人相轻"。每个人各有所长，彼此应互相学习，取长补短，而不要自以为是，更不要打击别人，抬高自己。

　　同事之间应保持中国古代哲学家庄子倡导的"君子之交淡如水"，应以诚相见，以"神交"为主，而不要拉拉扯扯，拉帮结派。

　　很多人抱怨同事关系处理起来非常棘手，其实，只要胸怀坦荡，有礼有节，办公室里的人际关系一样可以处理得游刃有余。处理好同事关系，在礼仪方面应注意以下几点：

一、尊重为先，亲密有度

　　礼仪的核心就是尊重。相互尊重是处理好任何一种人际关系的基础，同事关系更需要尊重。"敬人者，人恒敬之；爱人者，人恒爱之"，尊重是相互的，但是从我们每个人来讲，必先主动施与，才能有所回报。同事关系以共同工作为基础，不同于亲人间的关系。亲人间小摩擦甚至大争吵并不一定会影响亲情，有时反而更有利于相互之间的磨合；而同事关系的任何破裂都很难弥补，破镜难再圆，即便是重新黏合了，也还是有裂痕。这就更凸显了同事间良好人际关系的重要性，尊重对建立和谐的同事关系尤为重要。首先，尊重要讲究信誉。在任何一个单位，信誉都应被视为其立身之本。与合作伙伴打交道时，尤其应当注意这一点。具体来说，一方面平时讲话要算数，不要滥开空头支票，自毁信誉。另一方面，对于双方已有的合同、协议，一定要认真遵守，"照章办事"，绝对不准以任何借口，去做毁约、违约之事。这种尊重还包括礼节性的问候、虚心听取别人对工作的观点、取人之长，补己之短。还有一个特别重要的就是要充分尊重别人的隐私。在办公室里，提倡交往有度，不冷淡，也不过分热情。除非他人主动提及私人事宜，否则一定要把握尺度，不问不该问的问题。如果过分关心别人的私事，会被认为很没有修养、个人素质不高。

二、将心比心,利益共享

任何单位之间想要进行卓有成效的合作,都必须使之具有坚实的物质基础,要使合作的各方都能够看到利益,并真正获得利益。不然的话,合作便难于取得成功。与合作伙伴相交,不仅要提倡患难与共,而且也要讲有福同享,彼此双赢。

三、遵守"白金法则"

美国最有影响的演说人和最受欢迎的商业广播讲座撰稿人托尼·亚历山德拉博士与人力资源顾问、训导专家迈克尔·奥康纳博士在他们合作的"白金法则"中,向人们展示了一项最新的研究成果:"白金法则——别人希望你怎么对待他们,你就怎么对待他们。"

柯维指出"你希望别人怎么待你,你就怎么待别人"是一条"黄金定律"。"白金法则"是在本着尊重"黄金定律"的一条"黄金定律"。"白金法则"是在本着尊重"黄金定律"的主旨的原则下,对这一古老的信条进行修正。对于 21 世纪的管理者来说,要使自己与组织立于不败之地,或有助于改善人际关系,其关键和诀窍就在于遵循"白金法则":"别人希望你怎么对待他们,你就怎么对待他们。"简单地说,就是不要以自我为核心,要学会真正了解别人,然后以他们认为最好的方式来对待他们,而不是我们中意的方式。这一点意味着要善于花些时间去观察和分析我们身边的人,然后调整我们自己的行为,以便让他们觉得更称心和自在。它还意味着要运用我们的知识和才能去使别人过得轻松、舒畅,这才是"黄金定律"的精髓所在。

四、分享快乐,不要招摇

每个人的能力不同,追求不同,家庭背景不同,配偶收入不同,生活负担不同,生活经历不同,每人都有一本难念的经。无论我取得什么样的成绩,有了什么得意高兴的事情,可以与同事分享快乐,但是不要有意无意地显露出优越感。例如:自己被派去出国学习,自己买了外国名牌服装,家里买了名牌汽车,假期与爱人去美国夏威夷度假等等,无形之中给同事增加压力。如果自己外出后给同事带一点小小的礼物,礼轻情意重,证明你心里没忘了同事们,这样大家的心情会好一些。

五、批评有益,注意方法

同事间开展批评与自我批评是必要的,诤友也是人生的财富,但是要注意方法,不要锋芒毕露,批评不要忘记尊重,不要忘记"黄金定律"、"白金法则"。同级之间任何横加指责的行为都会被认为是无礼的举动。在开会的时候,如果有和他人不同的意见,也不能全盘否定别人的看法,首先应表示对他人智慧成果的尊重,然后表明自己的看法,最后说明自己的看法只是一家之言,希望得到大家的批评指正。平时,对于别人明显的失误,作为同事,可以善意地提醒,但是绝对要避免当面指责,尤其是当领导和其他同事在场的时候,即使批评是善意的,也会引起对方的不满甚至嫉恨。最好的办法是在下面单独交流,照顾对方的面子,产生事半功倍的效果。否则,就可能费力不讨好,某种程度上把自己置于危机之中。

六、择善而从,多赞美,少嫉妒

"三人行,必有我师",要善于向同事学习。不以自己的喜恶标准评价同事。对于不合自己标准的事物,不要表现出反感。"择其善者而从之,其不善者而改之",多从他人身上寻找优点,吸收学习;对于他人的缺点多宽容、理解;同事取得成绩,要由衷地赞美祝贺而不是嫉妒排斥。多寻找自己和同事间共同的兴趣爱好,在互相学习中共同提高。

七、化解误会,求同存异

由于不同的个体间工作习惯、世界观、价值观存在差异,同事之间相处久了,难免会有一些细小的分歧,细微的误会。不要总是抓住别人的失误不放,如果对方不好意思首先开口和解,我们自己要争取主动,严以律己,宽以待人,从自己做起,因为矛盾拖得越久越不容易和解。"度尽劫波兄弟在,相逢一笑泯恩仇",不要让一些小情绪影响了彼此的心情和工作的效率,遵循"求同存异"的原则,一切以大局为重,以工作为惟一中心,不计较一些小利益的得失,各退一步,海阔天空,力求殊途同归,圆满完成工作。

八、热情开朗,做个"开心果"

随着生活节奏的加快,人们的工作压力也越来越大。在单调乏味的工作过程中,诙谐幽默的语言能消除紧张和疲惫,创造轻松融洽的氛围。办公室生活是一种典型的群居生活,过于矜持、孤僻、自闭的人是不会受到群体欢迎的。相反,幽默开朗的人容易得到大家的信任和好感,他们的生活态度会感染着身边每一个人,使整个群体充满了蓬勃向上的朝气。所以在办公室生活里,我们一定要做一个富有幽默感、积极乐观的人,做个集体中的"开心果"。

九、互助是美德,兄弟明算账

同事有了困难大家相互帮助是一种美德,我们都愿意与开朗大方的人交朋友,但是同事之间我们提倡亲兄弟明算账。同事之间发生借贷之类的经济往来,即使是小额借贷,借款方也最好主动开具借条,以免遗忘,而且在条件允许的情况下,应尽快还清款项,以增强别人对自己的信任,避免误会的产生。如果不能及时还钱,应向对方说明情况,并明确表示自己没有忘记归还。俗语说"有借有还,再借不难"。

同事之间的聚餐若无特别情况,一般采取 AA 制,这样既不会产生经济上的负担,心理上也不会有太大压力。

上下级的礼仪

一、上级对下级的礼仪

作为上级,在处理与部下之间的相互关系时,要讲究科学,也要讲究艺术。在礼仪方面做到:

1. 尊重下级,以身作则

上级与下级,管理与被管理本身就是一对矛盾,由于职务不同、地位不同、考虑问题的角度不同,上级与下级关系是最容易发生矛盾的关系。因此,作为领导者要清楚,领导在职务上高于部下,仅仅是分工的不同。在人格尊严上,上下级之间依然是完全平等的。尊重下级,是一种美德。对于这一点,领导者在任何时候都不应当忘记。在工作之中,与下属保持适当的距离是必要的;对部下进行必要的批评、监督,也是管理的职责所在。但是,不论在任何情况下,都不要忘记对部下以礼相待,"管人先管心",尤其是要尊重部下的人格,要能学会站在下级的角度考虑问题。然后,对症下药,用管理科学、管理艺术,加上人格魅力,来进行管理。

榜样的力量是无穷的,群众的眼睛是雪亮的。要在下属面前树立权威,塑造领导者的良好形象,以身作则是重中之重。不要把群众当群盲,不要说一套,做一套,背后还"下套"。在任何一个单位,只有领导者恪尽职守,廉洁奉公,在工作之中身先士卒,言出必行,言行一致,在部下面前才会受到拥戴,才能拥有真正的权威。

2. 善用权威,言而有信

一艘舰船上只能有一位船长,任何一位称职的领导者都必须令行禁止,拥有绝对的权威。但是要善用权威,不要官大压死人,尤其是在知识分子成堆的地方。聪明的领导要学会分权、授权,调动下级的积极性。要在尊重的前提下,树立权威,立足双赢,而不能仅凭对待部下的冷、硬、卡、压,或是欺上压下地"发威"。

作为领导者,讲话要谨慎,说话算数,言必行,行必果,不要信口开河,更不要随便封官许愿。切忌训人,用大话吓人,用假话哄人。对下属承诺的事,应当认真地去兑现,若遇特殊情况一时解决不了,则应坦诚说明原因。

3. 秉公办事,任人惟贤

领导要带领大家前进,形成团队凝聚力,就必须秉公办事,无论是立规矩、出主意、用干部,都要注意尽可能地做到"公平"、"公正"、"公开",不能以权谋私,假公济私,以我画线,搞"一言堂",亲疏有别,"顺我则昌,逆我则亡"。惟其如此,才会赢得部下的信赖与拥戴,才会有力量。

作为领导,不仅应长于科学决策,而且要努力做到知人善任。要了解部下的经历、素质、脾气、性格、作风,了解部下的长处与弱点,用其所长,避其所短,量才使用,调动其积极性,充分发挥其聪明才智。

4. 宽宏大量,怀有爱心

在学校里,口碑最好的领导者,往往都是懂得关心爱护下属的人。关怀部下作用很大,可以使其轻装上阵;可以调动其积极性;可以与其进行情感沟通,融洽关系。所以,毛泽东同志特别告诫各级领导必须"关心群众生活,注意工作方法"。领导者对部下的关心,应当重在行动,并且应当将重点放在支持部下、保护部下、体贴部下、帮助部下发展等几个方面。

俗话说:"将军额头能跑马,宰相肚里能撑船。"作为领导者,应当严以律己,宽以待人。"人无完人,金无足赤",对下属不要横挑鼻子竖挑眼,而应当多看其优点,对做出成绩的下属要予以表扬和奖励,而不能嫉妒或贬低。领导者也应尊重和爱护部下,不要专横傲慢,对下属颐指气使。

二、下级对上级的礼仪

处理上下级关系是每位教师必须面对的,中国的知识分子没有人愿意"为五斗米折腰",但是从一个团队来讲,必须有一定的权威,"尊重上级是一种天职"。教师在工作岗位上,按分工必须服从领导,如果我们都是"天下第一的才子",都是"天子呼来不上船",那么,这艘船就永远也无法到达胜利的彼岸。因此,作为下级也应当学会做下级的礼仪,处理好上下级关系。

1. 尊重上级,服从管理

"加强纪律性,革命无不胜。"在工作中,下级服从上级,是基本的组织原则。首先,心里、眼里要有领导。领导最怕的是下级目无领导,所以,尊重领导是对下级在处理上下级关系时所提出的基本要求。尊重上级,是一种天职。不论自己在日常生活里与上级关系如何,在工作岗位上都必须公事公办。尊重领导体现在对领导的意志要尊重,命令要服从,相处之时讲究礼貌。不要在背后议论对方,或者是当面跟其乱开玩笑。尤其在工作之中,表现得跟领导"不分彼此"、当"哥们儿"是不合适的。

领导是管理者,承担着管理的职责,不服从管理,不仅是跟领导过不去,同时,也是跟自己过不去。就工作纪律而言,下级服从上级,听从指挥,加强执行力是天经地义的事情。

2. 支持领导,讲究方式

"一个篱笆三个桩,一个好汉三个帮",任何领导都需要有人支持。身为下属,应当尊重领导,支持领导,这也是为了更好地开展工作。恪尽职守,把本职工作做好了,认真地完成了领导交代的任务,组织才能正常运行,自身利益也才能得到保证。

遇到来自非直属上司的委托时,要先取得自己上司的同意后再做。有时候是些紧急突发事件,有些是简单的工作,希望提供援助,但不管怎么说,总是学校里的高层人员所拜托的,也不能够轻易拒绝,遇到这种情况时,为了避免事后发生问题,最好向直属上司打声招呼后再去做。如果一时找不到直属领导,在不影响本单位利益的前提下,执行后及时向直属领导汇报,避免误会。

领导者有时对一些问题考虑不周,工作布置有不当之处,作为下属,此时不要显示自己能干,"喧宾夺主"当众指出上级的错误。而应当个别找领导交换意见,坦陈自己经过深思熟虑的看法,供领导参考。这样做,对改进工作更有利。

但是,领导也是人,也会犯错误,领导犯了错误,要体谅领导。另外,领导的"错误",可能仅仅是你认为有"错误",事实并非如此,大家也可能认为不是错误。所以,对于工作中的不同意见,应以适当的方式向上反映,或加以保留,但是不应当将其作为拒绝服从领导的一个借口。如果领导的错误涉及到道德、纪律、法律问题,可以采取合法措施。

3. 注意小节

平时有事找领导,应先轻轻敲门,经允许后方可进门。如果不是紧急公务,正适领导开会,应有礼貌地等候或另择时机。向领导汇报工作,应实事求是,简明扼要,切忌啰唆。未经领导许可,不要随便翻阅领导桌上的文件。领导进门时,自己正坐着,应起身相迎,请领导先落座。此外,不要在背后对领导说三道四。

与竞争者间的礼仪

同事之间的关系,在许多情况下又表现为竞争关系、对手关系。现在是竞争时代,竞争是不可避免的。同事之间的竞争关系几乎无处不有,无时不在。如果处理不好就将陷入无边的苦海,恶性循环的竞争。要正确处理这种关系必须谨记:

一、将竞争变成竞和

传统竞争是"零和博弈",即"你死我活",我们提倡新的竞争观,即"非零和博弈",是追求"你活我也活"的结果,既竞争又合作,大家共同发展。双方竞争理当取得的最佳比赛结果,应当是"双赢"。也就是说,双方通过竞争各取所需,各有所得,共同发展。指望通过竞争置人于死地,非要使竞争出现"你死我活"的结局,从指导思想上讲是错误的,从实践上讲则是有害的。

我们还应当多想一想与同事相处的长期性,因此,为了自己的利益,也应当考虑长远关系、长远利益,达到长远的共同发展。否则,同事之间天天以"你死我活"的态度相见、明枪暗箭、勾心斗角、处处设防、战战兢兢,校园生活将是非常痛苦的。

二、要合法竞争

严格地讲,所谓竞争,其实也是促进事业发展的一种方式。它本应当是指为了赢得或维护自己的利益而遵守一定的游戏规则,同自己的对立面进行公平的比赛,以便促进自己,夺得胜利。由此可见,竞争从本质上来讲,本是一种"有法可依"的和平比赛。过程与结果是密不可分的,因此,参加竞争,既要争取尽一切可能战胜对手,又必须老老实实地遵守规则,合乎法律。为了在竞争中战胜对手而无法无天,不择手段,绝对是不可取的。其结果也往往导致两败俱伤。

三、胜不骄,败不馁

胜败乃兵家常事,有竞争就会有胜负,参与竞争的良好心态就应该是"胜不骄,败不馁"、"胜故可喜,败亦欣然。"尊重对手是一种风度,这是一种成熟的心态,是社会化程度高的表现。

胜利的因素是多种多样的,虽然离不开自己的努力,但是,也有其他因素,甚至是决定性的因素,如某次选派出国进修以年龄划线,只有你一人年龄合适,与努力与否关系不大。你的对手年龄不合适,他再努力也没用。同时,一次胜利也不意味着永远的胜利,"三十年河东,三十年河西",骄兵必败,胜利也可以成为失败之母。胜利后的得意忘形往往会造成对失败者的伤害,甚至是在对手伤口上撒盐,会引起公愤。

作为失败者,应当坚信"失败是成功之母",参与本身也是收获,也是积累。同时,一次失败不意味着永远的失败,关键是不输人,不输气,要有卧薪尝胆的勇气,要承认失败,总结经验,正视胜利,有信心,"楚虽三户,亡秦必楚。"再者,某些失败不证明你能力不够,有时是许多客观条件所决定的。

我们要冷静对待,待势而发。我们要坦然地接受失败,认真地分析原因,忠诚地祝贺胜利者,争取早日超越胜利者。

教师拜访礼仪

拜访,又称拜会或拜见,俗称"串门"。在一般情况下,拜访是指因公或者因私前往他人的工作地点、私人居所或者其他商定的地点探望、会晤对方,或是与对方进行其他方面的接触。拜访是一种双向的活动。于宾主双方而言,礼仪是交往愉快的保证,所以,在拜会中应该依照礼仪规范行事。

一、拜访的合宜时间

拜访亲朋最好选择以下的时间前往:首先,要选择朋友心情好的时候;其次,要选择朋友不太忙碌,即工作比较放松时,能够坐下来好好交谈。

二、拜访前的准备

要注意仪容的修饰,衣着要大方得体,要表现出良好的精神风貌。特别需要强调的是对头发的修饰:不要让刘海遮住眼睛,最好用发胶稍微把它固定一下;切忌用手玩弄发丝,否则会给他人留下不稳重的印象。

三、拜访的礼节

就做客礼仪而言,其核心在于客随主便,礼待主人。

1. 事先预约

预约在先,是做客礼仪中最为重要的一条。不提倡随意顺访,一般不要做不速之客。事先预约,既体现了个人教养,更是对主人的尊重。如果有紧急情况应当尽量电话告知,实在来不及,见面应先行道歉解释。

(1)约定时间。

在一般情况下,应该客随主便,在主人方便时拜访。商讨到访的具体时间时,作为客人,对主人提出的具体时间,应予以优先考虑。如果是客人提出方案时,最好多提供几种方案,供主方选择。通常,不便拜会的时间是:工作极为忙碌的时间,难得一遇的节假日,不宜打扰的凌晨与深夜,以及常规的用餐时间和午休时间,以及主人本人认为不便的其他时间。

在约定拜访时,双方一定要沟通停留的大致时间长短。

(2)约定人数。

在公务拜访中,这一点尤其重要。在预约拜会时,宾主双方均应事先向对方通报届时到场的具体人数及其各自的身份。

如有用餐,通报少数民族的禁忌也很重要。宾主双方都要竭力避免使自己一方中出现对方所不欢迎甚至极为反感的人物。通常,双方参与拜访的人员一经约定,便不宜随意变动。否则,会令主人应接不暇,手忙脚乱,打乱主人的安排和计划。

（3）做客准备。

首先,要准备着装,注意仪表。越是正式的拜访,就越要注意仪表。拜访时的着装应当干净、整洁、高雅、庄重,不宜选择轻佻、随便的服装。要关注着装的某些重要细节。例如,袜子一定要无洞、无味。不然进门后一旦需要换拖鞋,可能就要当众出丑了。

其次,前往拜访可以酌情准备些恰当的礼品。例如到亲朋好友的私人居所做客时,可为对方携带一些小礼物,诸如鲜花、特产、水果、书籍、光碟等。

（4）准时赴约。

登门进行拜访时,最好准时到达,既不要早到,让对方措手不及;也不要迟到,令对方久等不至。对重要拜会,最礼貌的做法是提前赶到附近,然后,准时登门。

约定拜访时间之后,必须认真遵守,不要轻易更改。万一有特殊原因,需要推迟一会儿,或改期,或取消拜访,应当尽快打电话通知对方。当下次与对方见面时,最好再次表示歉意,并说明一下具体原因。

2. 做客得体

登门拜访做客时,必须认真遵从的礼仪规范如下:

（1）叩门通报。

到达后首先敲门或摁门铃。敲门时,宜以食指轻叩两三下即可;摁门铃让铃响两三声足矣。若室内没有反应,过一会儿可再做一次。千万不要用拳头擂门,或把门铃摁个不休。不要在门外高声谈笑,大呼小叫,骚扰四邻。

即使与主人关系再好,也绝对不要不打招呼便推门而入,否则极有可能遭遇让人尴尬的场面。

拜访他人时未被主人相邀入室,则通常表明来得不合时宜。知难而退,是此刻的最佳选择。切勿不邀而入,或是探头探脑地向室内窥视。

（2）相见问候。

与主人相见,应当主动向对方问好,并且与对方握手为礼。若是主人夫妇同时起身相迎,则应先问候女主人好。假如同对方初次谋面,要主动做自我介绍。同主人问好的时候,要同时向其身边的人问好,不可怠慢他人。如带小孩做客,要教之以礼貌待人,尊敬地称呼主人家所有的人。如主人家中养有狗和猫,不应有害怕、讨厌的表示,更不应去踢它、赶它。在进门之初,一般应向主人奉上自己的礼物。

进门之后,通常应当自动地脱下外套,摘下帽子、墨镜、手套,并且将其暂放于适当之处。如果携带了大一点的手袋,可在就座后将其放在右手下面的地板上。若将其置于桌椅之上,则是不适宜的。

(3)入座得体。

在一般情况下,来客要在主人指定之处就座。当主人请坐时,应道声"谢谢"。要注意:切勿抢先落座;不要自行找座;与他人同到时应相互谦让;最好按照礼仪次序入座,至少与他人尤其是主人一起落座。做客的坐姿也要注意文雅。

(4)做客有方。

在他人的办公室或私人居所做客期间,要注意:在拜访做客之时,一般应在略作寒暄后,宾主双方都要尽快地直奔主题。谈话不要"跑题",不要言不及义,浪费时间。不询问主人的隐私,未经允许,不要到主人卧室等其他房间去,更不要随便乱动、乱拿、乱翻主人个人物品。

主人上茶时,要起身双手接迎,并热情道谢。注意不要把果皮、糖纸、烟蒂乱扔。对后来的客人应起身相迎,必要时,应主动告辞。

(5)把握时间。

如果客人与主人双方对会见时间的长度早有约在先,则客人务必要谨记在心,适时告退。假如双方无约定,通常一次一般性的拜访应以一小时为限。初次拜会不宜长于半个小时。在拜会之中遇有他人造访,应适当停留,但不要硬找新来的客人攀谈一番。

假如主人留客心诚,执意挽留用餐,则饭后应停留一会儿再走,不要抹嘴便走。通常,客人提出告辞后,主人挽留,也要坚辞而去,牢记"客走主安"。

在出门以后,即应与主人握手作别,并对其表示感谢。从对方的公司或家里出来后,切勿在电梯及走廊中窃窃私语,以免被人误解。

(6)善后。

在他人单位或家中做客受到款待后,回到家里应发信表示感谢,最起码也要打电话再次表示感谢。

四、待客的礼节

1. 细心准备

与来访者约定之后,主人即应着手从事必要的准备工作,以便令客人来访时产生宾至如归之感。主要工作有四项:

(1)清洁环境。

在客人到来之前,往往需要专门进行一次清洁卫生工作,以便创造良好的待客环境,并借以完善个人的整体形象,同时体现出对来客的重视。

(2)待客用品。

通常,需要准备好必要的用品有四类:一是饮料、糖果、水果和点心;二是香烟(如果客人吸烟),相让但并不勉强;三是报刊、图书、玩具,可供客人尤其是随行而来的孩子使用;四是扑克牌等娱乐用品,有时间的话,宾主还可以在一起进行娱乐活动。

(3)膳食住宿。

"有朋自远方来",预先应为其准备好膳食和住宿,并在会面之初向对方说明,以示待客诚意。如果家中或本单位不具备留宿条件的话,应先向对方说明,再帮助介绍、推荐合适的住处。

(4)交通工具。

如果力所能及,则最好主动为来客安排或提供交通工具,并应讲究善始善终,管接管送。

2. 迎送礼节

(1)迎接。对于重要的客人和初次来访的客人,主人在必要时要亲自或者派人前去迎候,并要事先告知对方。

迎送本地的客人,宜在大门口、楼下、办公室或居所的门外。对于常客抵达,也应立即起身,相迎于室外。不要让他人特别是孩子代为迎客。

(2)问候。与来客相见之初,不论彼此熟悉与否,均应真诚欢迎、面含微笑、热情握手、亲切问候。假如客人到来时,自己这里还有家人、同事或其他客人在场,主人有义务为其进行相互介绍。

(3)让座。客人到来之后,主人应尽快将其让入室内,并安排客人就座。若是把客人拦在门口说话,通常等于主人是在向客人暗示其不受欢迎。要注意把"上座"让给来宾就座。所谓"上座",在待客时通常是指:宾主并排就座时的右座;距离房门较远的位置;宾主对面就座时的面对正门的位置;或是以进门者面向为准,位于其右侧的位置。另外,较高的座位或较为舒适的座位,往往也被视为"上座"看待。另一方面,在就座之时,为了表示对客人的敬意,主人应请客人先行入座。

(4)有序。所谓待客有序,是指在与客人握手、问候以及让座、献茶时,要注意按照惯例"依次而行"。通常讲究女士先于男士,长者先于晚辈,位高者先于位低者。越是正规的场合,越是需要注意这一点。所谓一视同仁,则是要求主人在接待多方、多位来宾时,在态度与行动上均要对其平等相待,切勿厚此薄彼。

(5)送别。对远道而来的客人,可以送到机场、港口、车站或其下榻之处。对本地的客人送别礼仪有:电梯送客礼是指将客户送至电梯口,等电梯即将关上时,再次行礼道再见;门口送客礼是指将客人送至大门口,同时说声"谢谢,欢迎再次光临",并目送客人的身影,直至消失不见;车旁送客礼是指将客人送至汽车旁,在将要关车门的一刹那做最后一次鞠躬并说"谢谢,请注意行车安全",然后目送车子离开才可返回。

3. 热情待客

待客时,主人要热情、周到、得体。

(1)热情尊重。

接待客人时,一定要做到时时、处处以客人为中心,切勿有意无意地冷落客人。面对客人的时候,切勿爱搭不理、闭目养神、大打哈欠、看书看报、听广播、看电视、忙于处理家务、打起电话没完没了或与家人大肆聊天,甚至抛下客人扬长而去。

(2)选择合适话题。

宾主进行交谈时,主人不仅要准确无误地表达和接受信息,而且还要扮演一个称职的"主持人"和最佳的听众。主人需要为宾主之间的交谈引出话题,不使大家无话可说。万一与客人之间的交谈不甚融洽时,主人还需出面转移话题,避免不快。作为听众,主人需要在客人讲话时洗耳恭听,并表现出浓厚的兴趣。无论如何,主人都不宜使宾主之间的交谈冷场,要确立一个观念:表现出来的热情才叫热情。

(3)注意礼宾次序。

在待客时,来宾即为主人活动的中心,主人的私人事务一般均应从属于来宾接待这一中心。

可能的话,尽量不要让重要的客人同时到场。万一遇上了这种情况,可以合并在一起进行接待,或是先请他人代为接待一下后来之人,安排好或接待完其他客人再来接待。对于后到的客人既要妥善接待,又不能抛离目前正在接待的客人。

第六章

教师日常生活礼仪

教师的家庭礼仪

家庭是人类社会生活的基本单位,是社会肌体的细胞。家庭由家庭成员构成,是建立在血缘和婚姻关系基础上的小型群体。

每个人都想拥有一个美满、幸福的家,每位家庭成员都希望家庭关系和谐、亲密,教师也不例外。但是,怎样才能让教师家庭充满欢声笑语和温馨气氛呢? 家庭生活的行为规范和准则——家庭礼仪,在这方面可以发挥重要的纽带作用和有效的调节作用。

家庭礼仪主要包括亲属称谓、家庭成员礼仪及邻居礼仪等。为了处理好家庭关系,首先要掌握亲属称谓,以便称呼恰当;其次要通晓家庭成员礼仪,彼此和睦相处。

一、亲属称谓

亲属称谓是家属和亲戚之间称呼的名称,从中可以反映出其相互关系。教师了解亲属称谓,准确称呼亲属,是交际活动的需要,也是懂礼节的表现。

中国是一个多民族的国家,其中汉族人口占绝大多数。这里仅简要介绍汉族亲属称谓的三个特点:

在称谓上标明了父系和母系;

在称谓上标明了性别;

在称谓上标明了父系男方亲属的长幼。

教师家庭亲友之间在交往中彼此尊重,在称谓上经常使用敬称和谦称。敬称是用敬语称呼对方或对方的亲属,常用字有"令"、"尊"、"贤"、"仁"等;谦称是用谦语称自己或自己的亲属,常用字有"字"、"舍"、"小"、"愚"等。

对父系亲属的称谓

称呼对象	称　呼	自　称
父亲的祖父 父亲的祖母	曾祖父 曾祖母	曾孙(曾孙女)
父亲的父亲 父亲的母亲	祖父(爷爷) 祖母(奶奶)	孙子(孙女)
父亲	爸爸(爹)	儿子(女儿)
父亲的后妻	继母(妈妈)	继子(继女)
父亲的哥哥 父亲的嫂子	伯父 伯母(大妈)	侄儿(侄女)
父亲的弟弟 父亲的弟媳	叔父(叔叔) 叔母(婶婶)	侄儿(侄女)
父亲的姐妹 父亲的姐夫、妹夫	姑母(姑姑、姑妈) 姑父	内侄(内侄女)
伯、叔父的儿子 伯、叔父的女儿	堂兄或堂弟 堂姐或堂妹	堂弟、堂兄或 堂妹、堂姐
姑母的儿子 姑母的女儿	表兄或表弟 表姐或表妹	表弟、表兄或 表妹、表姐

对母系亲属的称谓

称呼对象	称　呼	自　称
母亲的祖父 母亲的祖母	外曾祖父 外曾祖母	外曾孙(外曾孙女)
母亲的父亲 母亲的母亲	外祖父(姥爷) 外祖母(姥姥)	外孙(外孙女)
母亲 母亲的后夫	母亲(妈妈、娘) 继父(爸爸)	儿子(女儿) 继子(继女)
母亲的兄弟 母亲的兄弟媳妇	舅舅 舅母(舅妈)	外甥(外甥女)

称呼对象	称 呼	自 称
母亲的姐妹 母亲的姐夫、妹夫	姨母（姨妈） 姨父	姨甥（姨甥女）
舅、姨的儿子 舅、姨的女儿	表兄或表弟 表姐或表妹	表弟、表兄或 表妹、表姐

对丈夫亲属的称谓

称呼对象	称 呼	自 称
丈夫的祖父 丈夫的祖母	祖翁（祖父、爷爷） 祖姑（祖母、奶奶）	孙媳妇
丈夫的父亲 丈夫的母亲	公公（父亲、爸爸） 婆婆（母亲、妈妈）	儿媳
丈夫的伯父 丈夫的伯母	伯父（伯伯） 伯母（大妈）	侄媳
丈夫的叔父 丈夫的叔母	叔父（叔叔） 叔母（婶婶）	侄媳
丈夫的姑父 丈夫的姑母	姑母姑父（姑姑）	内侄媳
丈夫的舅舅 丈夫的舅母	舅舅 舅母（舅妈）	甥媳
丈夫的姨父 丈夫的姨母	姨父 姨母（姨妈）	甥媳
丈夫的哥哥 丈夫的嫂子	哥哥（兄） 嫂子（姐）	弟媳（弟妹、妹）
丈夫的弟弟 丈夫的弟媳	弟弟 弟妹（妹）	嫂子
丈夫的姐姐 丈夫的姐夫	姐姐 姐夫	弟媳
丈夫的妹妹 丈夫的妹夫	妹妹 妹夫	嫂子

对妻子亲属的称谓

称呼对象	称 呼	自 称
妻子的祖父 妻子的祖母	岳祖父 岳祖母	孙婿
妻子的父亲 妻子的母亲	岳父（爸爸） 岳母（妈妈）	女婿（婿）
妻子的伯父 妻子的伯母	伯父 伯母	侄女婿（侄婿）
妻子的叔父 妻子的叔母	叔父 叔母	侄女婿（侄婿）
妻子的姑父 妻子的姑母	内姑父 内姑母	内侄婿
妻子的舅父 妻子的舅母	内舅父 内舅母	内甥婿
妻子的哥哥 妻子的弟弟	内兄（哥哥） 内弟（弟弟）	妹夫 姐夫
妻子的姐姐 妻子的妹妹	姐姐（姨姐） 妹妹（姨妹）	妹夫 姐夫
妻子的姐夫 妻子的妹夫	襟兄 襟弟	襟弟 襟兄

附录：亲属合称称谓

祖孙（祖父与孙子女）、父母、父子、父女、母子、母女、叔侄（叔父与侄儿侄女）、公婆、翁媳（公公与媳妇）、婆媳（婆婆与媳妇）、翁婿（岳父与女婿）、舅甥（舅舅、舅妈与外甥）、兄弟、妯娌（兄妻与弟媳）、连襟（姐妹的丈夫）等等。

二、教师家庭成员间的礼仪

家庭成员礼仪是家庭成员在家庭生活中处理相互关系的行为规范与准则。父母善待子女，晚辈孝敬长辈，父慈子孝，家庭关系更加亲密；夫妻关系是家庭关系的核心，夫妻互敬互爱，互相关心，家庭生活自然会充满温馨；婆媳之间虽然没有血缘关系，但却有法律关系。婆婆心疼媳妇，媳妇孝敬婆婆,婆媳能够和睦相处,的确是全家的福气。

1. 身为父母的教师与子女相处的礼仪

（1）言传身教。

常言说:"近朱者赤,近墨者黑。"父母的言行举止,往往对子女起着潜移默化的作用。孩子身上总是刻有父母影响的痕迹,他们对家长的一言一行、一举一动都看在眼里,记在心上,甚至加以模仿。身为父母的教师热爱工作,办事公正,待人热情,容易接近,知识丰富,好学上进等等,都可以通过工作、学习、家庭生活对孩子产生一定的影响。教师在孩子面前以身作则,为孩子树立一个可以信赖、可以效仿、可以直接感受到的好榜样,非常重要。父母作为孩子的第一位教师,不仅要有做好父母的良好愿望,而且还应深入了解子女,尊重子女的独立人格、志向、兴趣和合理的选择。平时在家中要用正确的语言教育子女,以模范的行为影响子女。例如,不说违背社会生活准则和社会公德的话,不做违背社会准则和社会公德的事。创造良好的家庭环境,当孩子在场时,身为父母的教师不要吵架,要互相谦让,互相体谅。对子女的朋友来家中做客,应表示欢迎。在日常生活中,父母说话要算数,任何时候都不要对孩子撒谎。许诺孩子的事,要尽量兑现。在这方面,中国古代教育家曾参,为我们树立了很好的榜样。

曾参是中国古代大教育家孔子的学生,他很重视子女的教育问题。"曾参杀猪"的故事,曾给无数家长以启迪。

曾参的妻子出家门,去集市上买东西。

"妈妈,妈妈,我也要上街,我也要上街!"三岁的孩子边哭边喊。

"好孩子,别去了,上街的路很远,难走得很。你在家乖乖玩,妈回来后,让你爸爸杀猪给你吃,好不好?"曾妻哄着孩子说。

"杀猪? 杀我们家那头猪,真的吗? 那我就有肉吃了,我喜欢吃肉,就不上街了。"孩子终于改变了主意。

孩子高兴地把这事告诉了父亲曾参,曾参立即请人来家捉猪,准备杀猪。

妻子从集市上回来见丈夫正准备杀猪,赶忙阻止:"你发疯了吗? 我只不过与孩子说着玩的,你怎么当真呢?"

"孩子是不能随意跟他说着玩的。"曾参严肃认真地说:"小孩子还没有做人处事的知识,只能跟我们做父母的学,听从父母的教诲。现在你欺骗他,将来他会欺骗别人。况且,母亲欺骗了儿子,儿子就不信赖母亲了,今后你再去教育他,他能听吗?"

曾参的妻子不再说什么,听由丈夫让人把猪杀了,以兑现自己的许诺。

(2)教育有方。

创造良好的家庭环境,并不排除家长对子女的批评教育。但要讲究方式方法,要循循善诱,启发引导,少批评、训斥和唠叨,尽量不要当着外人的面批评孩子,否则会使孩子觉得在众人面前丢了脸,容易产生没脸见人、破罐子破摔的想法。身为父母的教师平时应注意观察和表扬子女的优点,多鼓励孩子。对孩子提出的问题,父母要尽量给予答复,让他们从小就树立自尊心和自信心。教育子女要善于抓住时机,采取正确有效的方法。但在现实生活中,在子女不求上进或犯错误之时,绝大多数父母都会采取一定的方式予以教育和帮助,听之任之的父母极少。问题在于,有些父母企图仅仅以"爱心"来感化孩子,结果"慈爱"过度,变成了溺爱,不但未使子女上进或改正缺点,反而使其更加不在乎。有些父母则对子女过于严厉,动辄训斥、责骂,甚至采用暴力解决的方式,这常使子女产生逆反心理,变本加厉地做坏事。由此看来,"棍棒底下出孝子"的古训已经过时,但循循善诱,依然放射出理性的光彩。在教育子女方面我国古代著名的"孟母断织"的故事,至今仍对我们有启发意义。

孟子到了该上学的年龄,因家贫,孟母反复考虑,决定借一台织布机,靠织布供儿子上学。

孟子高高兴兴地上学了。学校的一切是那么新鲜,开头他学习劲头很高,但是日复一日地背书读书,使他渐渐感到枯燥无味了。有一天,尚未放学,他就偷偷地溜回了家。正在织布的母亲发现有问题,便问儿子:"你这么早回家,该不是逃学吧?"孟子满不在乎地说:"念书没意思,我不想念了。"母亲听了这番话,心里一阵颤抖,半晌说不出话来,一阵沉默。

突然,她拿起剪刀,把正在织的布"咔嚓"一声剪断了。这突如其来的举动,把孟子惊呆了,他小声地问:"妈……妈妈,你,你怎么啦?"孟母长叹一声,缓缓地说:"你看,这布是一根根丝织起来的,人的学问也是一点点积累起来的。你不好好读书,半途而废,就像我剪断了这织成的布一样,成了废品。你年纪这么小就不愿读书,长大了怎么能成才呢?"

母亲语重心长地话语和忧伤的表情,深深地打动了孟子的心,他惭愧地说:"妈妈,我错了,请原谅我,我今后一定要好好读书!"

从那以后,他勤奋学习,为后来成为一代伟人打下了坚实的基础。

孟母集慈母、严母和智母于一身,因此才能把儿子培养成为一代伟人,她是一位称职的母亲,是值得我们学习的楷模。

(3)作风民主。

"天高任鸟飞,海阔凭鱼跃。"现代社会已经进入信息化时代,行业竞争日趋激烈,人们的生活节奏越来越快。胸怀大志的青年人奋发上进,学文化,学技术,学外语,学管理等,学习相当紧张,工作比较繁忙。细心的教师家长不仅关心子女的衣食住行,而且格外重视他们的成长和进步。一般来说,朝气蓬勃的青年人更喜欢自由宽松的学习、工作、生活环境。因此,作风民主、开明的父母能理解子女的心愿,急子女之所急,适时给予精心指点,但决不束缚他们的手脚,而是放手让他们去闯,以便子女尽情舒展想象力的翅膀,迅速飞向更灿烂、更美好的未来。

2. 身为子女的教师与父母相处的礼仪

年轻教师都希望自己有个良好的成长环境,很羡慕和谐的家庭气氛。其实作为年轻教师自身在家庭中的言行,对于营造温馨的家庭气氛,有着极为重要的作用,只是还有一部分年轻教师尚未意识到这一点。那么,我们究竟应该怎么做呢?

大家都清楚这样一个事实:我们的每一次成长都凝结了父母的心血和汗水。可在日常生活中,我们又常常不能忍受父母的唠叨、事事过问,不少人为此烦恼,有人甚至采取相对抗的态度顶撞父母。这样一来,家里不免要发生口角。如果我们以另外一种方式对待,比如先听父母说,不急于表明自己的想法,或者以征求他们意见的方式,阐述自己的想法,询问一下我可不可以这样做? 因为无论与父母有多大的分歧,有一个前提是不该违背的,那就是尊重父母。虚心学习父母的优点,当父母有错误时,要耐心地说服,委婉地批评,做到这一点,父母也会变得心平气和起来。有些年轻教师在外面比较活跃,回到家中却变得沉闷起来,不愿意主动与父母沟通,甚至对父母的提问也表示反感,至多是父母问一句答一句。这种态度容易给家庭造成不愉快的气氛。家人每天在一起能有一点时间用来交流,无非是沟通一下这一天中各自的所为和见闻,这种行为也许要比你偶尔为家人送个小礼物更令他们高兴。因为他们不仅通过你的交谈了解了你的状况,你的交谈还告诉他们一个很重要的信息:你依然爱他们,愿意向他们倾诉。

教师在家中孝敬长辈,可以从许多细小处做起。例如:晨起之后,向长辈问个安;外出或回到家后和父母打声招呼;平时吃东西前,先问问父母吃不吃;父母身体不适时,更要多关心问候,尽可能的多陪伴他们;日常多为父母分担家务;主动为父母分忧,也是较好的尽孝方式。这些看似区区小事,对长辈却是很大的精神安慰。

三、夫妻之间的礼仪

对于已经结婚的教师来说,夫妻关系的好坏,常常是家庭生活幸福与否的关键。有些年轻教师认为,两人结了婚,都是一家人了,还有什么可见外的。于是,一些夫妻彼此谈话很随便,开玩笑也没有了分寸,有时无意中伤害了对方,影响了夫妻感情。由此看来,夫妻在家庭生活中朝夕相处,若要保持爱情的甜蜜,就应当讲究夫妻相处礼节。

众所周知,我国有一对夫妻一辈子相敬如宾,堪称夫妻的楷模,这就是周恩来和邓颖超。他们总结出的夫妻相处的宝贵经验是"八互",即互敬、互爱、互学、互助、互让、互谅、互慰、互勉。这八条宝贵的经验,值得每一对夫妻学习和借鉴。

1. 互敬

互敬即相互尊重,相敬如宾。例如,在一次青年联欢会上,女教师小吕准备上台参加歌赛,她的丈夫大张悄悄叮嘱说,别紧张,你一定能行。小吕说,谢谢你的鼓励。这段话听起来再平常不过。事后,大张的朋友小于提起这事儿,说一句:"跟你媳妇还虚虚假假的,太酸了。"其实,夫妻虽是一家,但相互间多说几句"谢谢"、"请帮帮忙"或鼓励之类话,并不是多余的。这样做既体现尊重对方,又能加深彼此的感情。

2. 互爱

互爱即互相体贴,温情脉脉。俗话说:"知夫莫若妻"、"知妻莫若夫"。夫妻在一起生活,相互了解彼此的性格、爱好和生活习惯等。丈夫不要在婚后变得粗暴,妻子也不要在婚后变得俗气。夫妻虽然不常有恋爱时花前月下的浪漫,但体贴对方的话要常讲,关心对方的话要常说,不要忘了感情交流,一个眼神,一个手势,一声亲切呼唤,无不包含深情厚谊。

3. 互学

即互相学习,取长补短。夫妻俩各有长处,不论在事业上还是在日常生活中,均要多看对方的长处,学习对方的优点,弥补自己的缺点,不断进步。

4. 互助

即互相支持,互相帮助,夫妻应共同承担家务,各尽所能,丈夫多干点力气活。夫妻在事业上更要互相帮助,互相支持共同走向人生的辉煌。

印度诗圣泰戈尔(1861—1941年)年轻时听从父命,与一位社会地位低下、长相平平、文化水平较低的姑娘结婚。但这种差别并未给诗人的生活和创作带来不利影响,相反,妻子的高尚品德却成了诗人生活和创作的一个不可缺少的组成部分。

婚后,在丈夫的热情帮助和严格要求下,她掌握了孟加拉语,同时学会了英语和梵语,并用孟加拉语改写了梵语的简易读本《罗摩衍那》,还登台演出了泰戈尔的戏剧《国王和王后》。妻子的这些出色表现,赢得了在丈夫的心中位置。

一次,泰戈尔身患重病,贤惠的妻子日夜守护床头,亲自调理汤药,整整两个多月,不曾离开丈夫的病榻。她以真诚的爱情,去抚慰丈夫被疾病折磨得支离破碎的心灵,使他的身体终于得到了康复。

泰戈尔希望隆重而热情地接待客人和来访者,每当这种时候,一贯崇尚简朴的妻子便亲手操持烹调,以其精湛的手艺使客人满意,让丈夫高兴。她做的烙饼,堪称一绝。他们外出旅行,妻子也悄悄带上必要炊具,为丈夫做美味的馅饼。

直到1902年去世为止,在整整20年漫长岁月里,泰戈尔的妻子把丈夫的理想和事业视为自己的最高追求,始终精心照料泰戈尔的生活,为他分忧解难。

泰戈尔夫妇在社会地位、相貌等方面存在着显著差别,但他俩互相帮助,使家庭生活美满和谐,在事业上比翼双飞,堪称"模范夫妻"。

5. 互让

即互相谦让,切莫惟我独尊。夫妻之间要提倡平等,遇事多商量。丈夫不要以"大男子主义者"自居,妻子也不要让丈夫得"气(妻)管炎(严)","你敬我一尺,我敬你一丈",彼此多给对方一些理解和自由,夫妻感情会更加深厚、牢固。

6. 互谅

即学会宽容,互相谅解。俗话说:"金无足赤,人无完人。"何况"人有失手"。丈夫可能做事较粗心,妻子要能够容忍;妻子或许比较啰唆,丈夫要予以谅解,彼此求同存异,互相靠拢。

7. 互慰

即互相关照,彼此安慰。人生的道路曲折、漫长,不可能事事称心如意,一帆风顺。当一方在道路上遇到挫折时,另一方不要讽刺、挖苦甚至奚落,而应当多安慰对方,一起分析受挫的原因,总结经验教训,让挫败变为成功之母。

8. 互勉

即互相勉励,互相鼓舞。当一方取得成功时,另一方应表示热烈祝贺,并一起分享成功的快乐,同时激励对方再接再厉,不断开拓、前进。夫妻不论在顺境,还是在逆境,都要互相理解,互相信任,互相支持,携手并肩走向胜利的彼岸。

教师与邻里的礼仪

亲戚、朋友和同事间的交往是建立在血缘、婚姻和感情或工作关系上的,而邻里关系较多是建立在日常生活领域中。从家庭日常生活必需品的采购到点火做饭,从对孩子的教育到对老人的关照,可以说,邻里间的交际关系涉及到日常生活的各个领域。

作为教师家庭,尽管与邻居因职业、兴趣和爱好等方面有很大差异,但是作为邻里仍然要住在一起。这种特点形成了家庭交际关系的密切性。因此,必须认真对待、审慎处理邻里关系。"远亲不如近邻"良好的邻里关系不仅能得到帮助,也能使人拥有心情舒畅的居住环境。教师处理好邻里关系,要采取互相关心、互相尊重、互相忍让、和睦友善的态度,必须遵守一些基本的礼仪要求。

（1）不干扰邻居生活。早上上班,晚上下班务必注意不能大声喧哗,以免影响他人休息;使用自行车或摩托车的人,不能在过道或院内按铃或喇叭;开收音机、电视机或进行其他有声响的活动,要考虑到邻居的睡眠和休息,注意邻里中有无病人,在别人午休或深夜时,音量不宜过大;孩子在住宅楼或大院内玩耍,家长要让他们注意时间和场合。

（2）适时地主动拜访。拜访一般在 10 分钟左右,不要影响他人休息;仪容得体适度,不要头发蓬乱,穿拖鞋睡衣乱跑;交谈时一般不要直接进入室内,应先在门口寒暄几句。

（3）生活上互相帮助。对邻居要亲切随和,热情招呼,敬老爱幼,见面主动打招呼,不能摆架子;不背后议论他人,不搬弄是非,不猜疑,谈笑讲究分寸,尊重他人的隐私权;如果邻居小孩来玩,要热情招待,并欢迎再来。如果家中确实有事,应委婉客气地加以说明。要尊重邻里成员正当的特殊习惯。

（4）邻里间宽容体谅。楼上住户的污水应倒入下水道,不可泼到楼下;在楼上凉台上晒东西或给花盆浇水,注意不应把水滴到楼下,更不要把其他脏水污物从楼上直扔楼下;阳台上的花盆和杂物要放稳放好,免得往下掉。住在楼上的教师家庭,在室内干活或搬动东西,动作要轻,尽量不使楼下住户感到太大的震动。如果邻居有什么过错,不要粗暴地加以指责,应尽可能予以谅解,千万不能因琐事而伤了邻里和气。

（5）要善用公共部分。对于公用设施的使用和卫生问题,要互相协商,力求公平合理。不要随意霸占公共区域,在他人建议或警告时应及时停止,不得无理取闹。

（6）要营建和谐邻里关系。邻里间有不同意见,尽量通过协商解决,并主动地为邻里间排解纠纷,促进团结。邻里有了病人或其他困难,要主动上门慰问,给以必要的帮助。发现了坏人,要团结邻里一起进行揭发斗争。

教师书信·网络礼仪

一、书信礼仪

书信,是人们借助于文字表述自己、交流思想、传递感情和互通信息、联系外界的重要媒体。书信作为一种人类的文化现象,早已存在。可以说,自有文字,就有书信。作为教师人际交往中使用的物体语言,礼仪书信的写法,既要注重内容的组织,又要讲究格式的安排,还要在书信中体现教师的修养和礼仪。

二、内容的组织

礼仪书信的内容除去称谓、问候、祝词等项目外,正文部分一般应包括关心对方、表述自己、探讨问题几个方面。

关心对方,主要体现在回答对方的问询,承诺对方的托付,探询对方的工作、学习、生活,使对方感到关切和温暖。

关心对方与表述自己,在礼仪书信中究竟孰轻孰重?可因具体情况而定。在一般情况下,都理应把前者放在重要的位置。唯其如此,才有可能使不见面的无声交际健康、顺利地进行下去。

人生难免遇到各种难题,随时需要别人授业解惑,排忧解难。因此,有一定文化修养的教师,常在信中就某个问题与对方展开探讨,既显示自己的观念、意识、见解、学识,又达到与对方交流思想、沟通感情、乃至取得共识的目的,从而使彼此之间的友情得到巩固和发展。

三、格式安排

礼仪书信的格式与普通书信大体相同,但前者更注重语言凝练优美,礼仪周全恰当,用词准确简洁。它在书写格式、称呼、问候致意、祝颂启禀方面更加注意礼节礼貌。

(1)信封格式和写法。常见的有横式和竖式两种,而以横式为主。

(2)书信内容和写法。礼仪书信主要包括庆功道喜、祝寿贺婚、礼赠答谢、吊唁问病等内容。格式与一般书信格式相同,首先写上称呼,顶格书写。注意不要指名道姓,而应带上合适的称谓,如"×××同志"或"×××先生",再加上冒号。尔后另起一行,空两格或空上两个字的位置,书写问候语,如"您好!"。正文于第三行空两格处开始书写,信的结尾可写上祝辞,如"敬请文安"或"顺祝秋安"、"祝你进步"等。具体格式为:另起一行空两格处写上"敬请"、"顺祝"或"祝你"等,再另起一行顶格书写"文安"、"秋安"或"进步"等。署名的位置是在另起一行右侧处。

四、礼仪用语的选择

礼仪书信语言大都精炼，文白相间，特别是派发礼仪性电报时，更要讲究用字节约，言简意赅。所以一些礼仪性用语应略知一二，便于在不同场合使用。

请安问候语：

用于尊长：敬请康安、恭祝健康长寿、敬祝安好、即颂教安、敬请撰安。

用于平辈：顺颂时绥、并候近安、祝你愉快、此颂近祺。

用于晚辈：即问近好、望努力学习、祝工作顺利。

用于贺婚：敬候俪安、顺贺大喜、即颂俪祉。

用于贺年：恭贺新禧、并颂春禧、敬贺安祺。

用于吊唁：敬请礼安。

开头语：久不通函，至以为念；昨得手礼，敬悉一切；久未闻消息，唯愿一切康适；谕书敬读，不胜欣慰。

思念语：久疏通问，渴望殊深；一别经年，故乡念切，梦寐神驰；别来无恙？鸿雁传书，千里咫尺，海天在望，千里依依，何时获得晤叙机会，不胜企望之至。

问病语：欣闻贵体康复，至为慰藉；重病新愈，务请节劳为盼；闻贵体欠安，甚为悬念，务请安心静养。

祝贺语：喜闻……由衷快慰，遥祝前程似锦，万事如意；欣喜之余，特把笔修书，专诚致贺；谨寄数语，聊表祝贺。

贺寿语：恭祝延寿千秋；遥祝寿比南山，福如东海。

致哀语：惊悉×××不幸逝世，不胜哀悼；惊承讣告，痛悼不已，专函致唁，并请节哀。

致谢语：大示诵悉，深感海人不倦之意；来函敬悉，启示甚多，十分感谢前承馈赠，又蒙赐教，高怀雅谊，倾感不胜；屡蒙资助，无以为报，愧感交集；承蒙见教，获益匪浅；承赠厚礼，心领盛意，然实难拜受，尚祈原谅。

致歉语：惠书敬悉，甚感盛意，迟复为歉；音讯久疏，实感歉疚；冒昧之处，尚祈原谅；托付之事，因条件限制，未能尽如人意，尚请多多包涵；前事有逆尊意，不胜惭愧，万望海涵。

请教语：拙作幼稚，恳请指点一二；所言之事，乞请拨冗指示为幸；倘承不吝赐教，则我幸甚。

承诺语：托付之事，时刻未敢忘怀；有何要求，请尽早示知，切勿客气；所言之事，当设法办妥，请释念；凡有可效劳之处，自当尽力而为。

邀约语：若蒙光临寒舍，不胜荣幸；何日来此，愿得晤谈为幸；祈望一会，共叙友情。

催复信语：所言当否，请速示复；请速赐复为盼；尊意若何，请即示知，如再迟延，诸多不便，请谅察；信到之后，即刻回书。

结束语：书不尽意，余言后叙；情长纸短，不尽依依；言不尽思，再祈珍重；草率书此，祈恕不恭；专此奉复。

五、网络礼仪

所谓网络，就是将多台电脑连接在一起，使各用户之间能够通过数据库、聊天室、电子邮件和其他方式进行便捷的沟通与交流。

网络礼仪是保障网络世界正常秩序的基本规范。国外一些计算机网络组织为其用户制定了一系列相应的规则。如美国计算机协会制定的10条戒律：①不用计算机伤害别人；②不干扰别人的计算机；③不窥探别人的文件；④不用计算机进行偷窃；⑤不用计算机作伪证；⑥不使用或复制没有付钱的软件；⑦未经许可不可使用别人的计算机资源；⑧不盗用别人的智力成果；⑨考虑所编程序的社会后果；⑩应以深思熟虑和慎重的方式使用计算机。

国外有些机构还明确规定了被禁止的网络违规行为，如：有意的造成网络交通混乱或擅自闯入网络及其相连的系统；商业性或欺骗性地利用大学计算机资源；偷窃资料、设备或智力成果；未经许可而接近他人的文件；在公共用户场合做出引起混乱或造成破坏的行为；伪造电子邮件信息等。

现代高科技的发展给人类生活带来许多便利，互联网给世界各地的人们提供了一个相互交流的平台，相识的和不相识的人，可以通过网络交流。因此，教师在进行网络交流时，应注意上网的相关礼仪：

1. 记住人的存在

在网络世界漫游的时候，不要忘记网上还有许多朋友，其中有网络管理人员、网络维护者、网友、"黑客"等。因此，要控制上网时间，尊重其他网友。另外，玩网络游戏时不得作弊。要注意做好保密工作等。

2. 网上网下行为一致

在现实生活中，绝大多数人都遵纪守法，注意用法律及道德标准规范自己的行为。同样，互联网上的道德和法律与现实生活中的道德和法律也是相同的。因此，教师在网上交流时，也需要用法律和道德标准规范自己的行为。

3. 入乡随俗

不同的网站、不同的论坛有不同的规则。在某个论坛能做的事情，在另一个论坛则不可轻易做。例如，在聊天室畅所欲言和在一个新闻论坛发表意见是不同的。最好先观察后再发言，以便了解论坛的气氛和可以接受的行为。

4. 尊重他人的时间

别人为你寻找答案需要花费时间和资源。在你提出问题之前，应先花些时间进行搜索和研究。也许同样的问题以前曾提出过多次，现成的答案唾手可得。

5. 在网上留个好印象

由于网络交流的匿名性，因此文字成为网民相互之间印象的惟一判断。交流和沟通时，如果对某一方面不熟悉，可以先阅读相关资料。在发贴前应仔细检查语法和用词，尤其值得注意的是，不要使用脏话和挑衅性语言。

6. 分享你的知识

除了回答别人提出的问题外，包括当你提出的问题得到较多的答复，特别是通过电子邮件得到答复后，最好写份总结与大家分享。

7. 平心静气地争论

争论是正常现象，但要注意以理服人，不要进行人身攻击。

8. 尊重他人的隐私

电子邮件是隐私的一部分。如果你熟悉的某人用笔名上网，你未经征得本人同意便将他的真实姓名公开，这不是一种好的行为。再则，当你无意中看到别人打开电脑上的邮件或秘密时，更不应该"广播"。

9. 不要滥用权利

作为管理员、版主，比其他用户享有更多权利，应珍惜这些权利，而不要滥用特权。

10. 宽容

当看到别人写错字或者提出一个低级问题时，最好不必介意。当然，也可用电子邮件的方式提出自己的建议。

教师应掌握网络沟通的技巧：

在网上进行交流，需要掌握网络沟通的技巧。一是了解在线交流技巧；二是掌握收发电子邮件技巧；三是熟悉网络交流常用缩略语及表达符号。

六、在线交流技巧

1. 避开网络使用高峰时间

一般来说，根据人们的上班时间和生活习惯，每天网络使用高峰时间段有 *3* 个：上午 *8—11* 点；中午 *12* 点—下午 *3* 点；晚上 *7－9* 点。为了避开网络忙导致网速慢的情形，不妨选择网络相对空闲时间上网。

2. 熟悉各类网站

网站分门户网站、分类网站。门户网站有内容包罗万象的新浪网、网易等网站；分类网站有内容相对单一的中国文化网、中国汽车网等。所以，浏览新闻资讯，可以上新华网、新浪网、凤凰网等。

3. 文明交流

通常以匿名方式进入网络交流频道、聊天室或论坛。在与"只闻其声，不见其人"的网友交谈时，最好就事论事，并尽量使用文明语言和简明扼要的语言文字。

4. 礼貌离线

准备离线时，应通知其他成员。

七、收发电子邮件技巧

随着网络的发展，收发电子邮件已经成为人们日常工作生活的一部分。因此，我们教师有必要掌握收发电子邮件技巧。

1. 收阅电子邮件

定期打开收件箱，查看有无新邮件，以便及时阅读和回复；收到垃圾邮件，一删了之；收到来历不明的邮件，不要匆忙打开，可以先对来件进行预防性杀毒，然后再打开，也可以直接删除。

2. 撰写与发送电子邮件

主题明确。写一封电子邮件，通常选择一个主题，并且在"主题"栏里注明，使对方一目了然。

文字简明。撰写电子邮件，应当简明扼要，尽可能使用规范的文字，而不要使用生僻字、异体字。

慎用附件和抄送功能，酌情使用网络表达符号。

发送邮件前，再仔细阅读一遍内容，检查是否有漏项、错字或笔误，待补齐或改正之后再发出。

教师外出礼仪

教师外出更要讲究礼仪，这不仅是影响个人整体形象的主要因素，而且是构成个人公共观念的重要内容。

一、行路时的礼仪

（1）走有走相。在热闹拥挤的地方走路，避免几个人并肩而行或嬉笑打闹，以免阻碍交通或妨碍他人。走路时不要边走边吃东西，这既不卫生又不雅观，有损"为人师表"的教师形象。

（2）路有路规。走路时要注意爱护环境卫生，不要随地吐痰、随手抛弃脏物；遵守行路规则；不践踏草坪或翻越交通隔离设施。

（3）礼让行人。街道上行走，不碰前行者，不挡后来人，要保持一定速度和距离。若手提东西，不宜左右手开弓。在拥挤的地方，要有秩序地通过，若碰、踩他人应主动道歉。若行人碰、踩自己应表现出良好的修养和自制力，切不可口出恶言，厉声责备。

（4）礼貌问路。行至陌生地问路时，应先礼貌地与他人打招呼，选择适当的称呼。不论对方能否回答你的问题或给你指路，都应致谢。有人向你问路时，应热情指点，无法回答时应表示歉意。

（5）礼对女士。在人行道上，女性或长者应走在右侧，男性或年轻者行于外侧。若一位男性与两位或两位以上的女性同行，男性应走在外侧；若两位男性与一女性同行，女性则走在中间。男性教师遇到不相识的女性时不要久久注视甚至回头追视。

（6）善待长者。若夫妇两人陪长辈外出，丈夫走在外侧，长辈居中，妻子走在内侧。

二、乘车时的礼仪

（1）乘公共汽车。公共汽车是我国城市居民最常坐的交通工具。教师平常上下班，节假日上街购物，通常都坐公共汽车。车少人多，车厢里常常很拥挤，因此，教师乘坐公共汽车应有以下礼仪：

依次排队，按顺序上车，自觉遵守乘车秩序。

发现有老弱病残者或孕妇及行动不便的人上车时，主动让其先上车并给予帮助。

上车后，向车厢内移动，不要堵在车门上。

主动购票。乘车时要自觉买票或出示月票或磁卡。距离售票员较远时，应有礼貌地招呼或请人传递。接过车票时要点点头，说"谢谢"。坐无人售票车时，要准备好零钱，主动投币。

互谅互让，进入车厢，要尽快站好自己的位置，路远的乘客往里走让出门口，不能横冲直撞抢座位。上车后应将随身所带的物品放到适当位置，不要把它放在座位或挡在过道上。

车厢内不要横向站在车厢中央，这样会堵塞供人们穿行的通道；也不要背靠在别人坐着的椅背上，因为谁也不愿意让别人坐在自己的肩膀上。

应该将座位让给残疾人或站立困难的人，让给老年人、孕妇、怀抱婴儿的母亲和拿各种东西的人。

车内人少，就算您旁边的座位空下来也不要将行李放在那里，以免弄脏座位。

坐在座位上，不要跷起二郎腿，以免妨碍车内乘客经过或蹭脏别人的衣服。

若因车辆摇晃，不小心碰、踩别人时，应道歉和请求谅解。

注意卫生，不要在车厢里吸烟、随地吐痰、乱扔东西。若咳嗽、打喷嚏时，要用手帕捂住口鼻，防止唾沫四溅。

随身携带的机器零件或鱼肉等，应将其包好，以免弄脏其他乘客衣服。雨天乘车，应把雨伞放入事先准备好的塑料袋中，以免沾湿他人衣服。

在车上发现不道德行为要敢于批评，对无理闹事者要敢于斗争。

下车要提前准备，准备下车时，如需他人让路，应有礼貌地先打一声招呼，或说"借光"、"劳驾"，不要默不作声地猛冲，更不要发脾气，或出言不逊。如离车门较远，要有礼貌地问一下前面的乘客是否下车，并及时调整位置，如自己不下车，应主动为下车的人让道。

若与亲友一起乘车，则下车时先由男士或年轻者先下，再帮助女士或年长者下车。

（2）乘其他车辆。主人陪客人乘同一辆轿车，应帮助客人上下车。首先打开轿车右侧车门，并以手指示车篷上框，提醒客人注意。等客人坐好后，关上门。主人才可以从左侧上车，且注意位次：

小轿车的座位，如有司机驾驶时，以后排右侧为首位，左侧次之，中间座位再次之，前座右侧殿后，前排中间为末席；如果由主人亲自驾驶，以驾驶座右侧为首位，后排右侧次之，左侧再次之，而后排中间座为末席，前排中间座则不宜再安排客人；主人夫妇驾车时，则主人夫妇坐前座，客人夫妇坐后座，男士要服务于自己的夫人，应开车门让夫人先上车，然后自己再上车；如果主人夫妇搭载友人夫妇的车，则应邀友人坐前座，友人之妇坐后座，或让友人夫妇都坐前座；主人亲自驾车，做客只有一人，应坐在主人旁边。若同坐多人，中途坐前座的客人下车后，在后面坐的客人应改坐前座，此项礼节最易疏忽。

吉普车无论是主人驾驶还是司机驾驶，都应以前排右坐为尊，后排右侧次之，后排左侧为末席。上车时，后排位低者先上车，前排尊者后上。下车时前排客人先下，后排客人再下车。

中巴和公共汽车以司机座后第一排即前排为尊，后排依次为小。座位的尊卑依每排右侧往左侧递减。

年轻者、地位级别低者让年长者、地位级别高者坐尊座，男士让女士坐尊座，身体健壮者让孕妇或体弱病残者坐舒服座等。若同亲友乘同一辆车，应请女士和长辈先上车，并为之开关车门。

抵达目的地下车时，年轻人、晚辈、男士、地位职务低者应为长者、长辈、女士、地位职务高者开启、关闭车门，提拿物品，适当助臂扶行，礼让其上下车。

不管是坐朋友的私家车还是出租车，下车时都应该带上自己制造的垃圾。

注意上下车的姿势要文雅。上车时女士最得体的方法是先坐在座位上，然后再把双腿一同收进车内；下车时，要同时双脚着地，不可一先一后。

三、外出参观礼仪

博物馆、展览馆和美术馆是高雅的场所，教师与学生前去参观可以增长知识和提高艺术修养，因而在这种场合更要讲究礼仪。去博物院参观文物古迹和去游乐区游玩不一样。在游乐区时，心情放松，可以大喊大叫。但去参观古迹博物馆时，虽然也是休闲活动，却是属于知识性的活动，所以参观时要注意礼节。

携带好参观所需物品。如：纸、笔、学习本、照相机、参观手册、简介、指引图等。

进入博物馆和美术馆要将大衣、帽子以及旅游携带的杂物存放在衣帽间。

参观时要服从工作人员的指导，耐心排队、轻声慢步、遵守馆内的规定、仔细地观察。要保持馆内安静的环境和良好的学术氛围。

专心地听解说员讲说，遇到疑问，可以有礼貌地请教馆内的解说员，问题清楚后，表示感谢。

有些参观地点是不适合拍照的，最好在拍照前先征询馆方是否同意。

参观时要爱护展品，不要用手触摸，以免破坏作品。对于博物馆和美术馆的特殊规定，参观时一定要遵守。

个人服从集体。

四、参观禁忌

忌戴帽子或者携带食品、杂物进入展览厅，一边参观一边吃东西是不文明的举止。如果要吸烟、喝水、吃东西可以到休息室去。

忌大声说笑。

忌问完问题转身就走。

忌对展品妄加评论。

忌从他人面前穿过。如果您很欣赏某件展品，在不妨碍他人的情况下可以多欣赏一会儿。如果别人正停住欣赏某件展品，您要穿过时，一定要说"对不起"。

忌乱扔垃圾。

五、游览观光礼仪

旅游观光时应爱护旅游观光地区的公共财物。对公共建筑、设施、文物古迹、花草树木，都不能随意破坏；不能在柱、墙、碑等建筑物上乱写、乱画、乱刻；不要随地吐痰、随地大小便；不要乱扔果皮纸屑、杂物。

遵守拍照规定。许多景点规定某些禁区或某些地方禁止拍照，一般都有明显的标志。但在边境口岸、机场、博物馆、新产品展览处、古文物、私人宅院等地，如果没有设立不准拍照的标志，也禁止拍照。

不能随意对着不相识的人照相。拍照时注意不要影响、妨碍交通。

不要用手抓捕和挑逗街心公园、动物园、檀树园里常有的松鼠、候鸟、鸽子、天鹅等动物。

街道两旁、街心公园等均有花草树木，不要随便采花摘叶、攀登树木或践踏绿色草坪。在街上行走，穿越马路要注意安全，遵守交通规则。

在公众场合不得吸烟，在飞机、轮船、火车上则分吸烟和不吸烟座位，在不吸烟座位上不得吸烟。

某天傍晚，湖南省娄底市游客谢某与几名朋友到湖南冷水江市国家级风景名胜区波月洞内参观，在洞内由钟乳石组成的"鹅管群"景点处，谢某无聊中把还剩有部分矿泉水的瓶子砸向"鹅管群"，当场造成三根

"空心鹅管"折断跌落。事发后，波月洞管理处邀请中国地质科学院桂林岩溶研究所对破损进行鉴定，专家认为，"空心鹅管"系天然钟乳石，经过数世纪点滴聚积而成，波月洞这样密度高、面积阔的"空心鹅管群"更是价值连城，这三根"鹅管"的损失无法估算。7月下旬，经与有关部门再三研究，波月洞管理处决定把谢某告上法庭，并参照张家界景区内黄龙洞"定海神针"的投保标准，要求谢某赔偿景区176万元。几经协商和斡旋，并综合考虑到谢某的赔偿能力和认错态度，景区管理处最后同意对谢某从轻处理，由谢某赔偿管理处12000元。"文明、规范、有序"是游客游览风景名胜区的基本行为准则。而游客谢某却因自己无聊中的一次粗野行为，让价值连城的"绝世景观"受到严重损害，惹出176万元赔偿祸端，结果也使自己付出了昂贵的"学费"。

教师在其他公共场所礼仪

公园、商店、图书馆、博物馆、体育场、旅馆等场所，是供各种社会成员进行多种活动的公共场所。人们在公园里漫步，在商店里购物，在图书馆查阅资料，在博物馆欣赏文物，在体育场锻炼身体或观看比赛。教师在公共场合的仪表体态、言谈举止，常常反映出他的内在的素质和修养。因此，教师在公共场所活动时，应自觉遵守社会公德，讲究公共场所礼仪，共同维护公共生活秩序。

一、购物

购物并非简单的掏钱买东西。一位懂得购物礼仪、讲究文明礼貌的教师会获得购物的满足和心情的愉悦。作为教师，在购物时应明了以下礼节：

进商店购买物品，要自觉维护商店的环境卫生，不可随地吐痰、吸烟、乱扔糖纸、果皮等，也不可高声呼叫。

在需要排队购物的地方，不插队，对他人要有礼让精神。

对营业员应礼貌客气，不能颐指气使、盛气凌人，选择合理尊敬的称呼。

当营业员正在为别的顾客服务时，应稍等片刻，不要急于招呼，以免弄错账目。有时商店里声音嘈杂，营业员可能听不见你的招呼，这时千万不要用手敲击柜台或橱窗，而应耐心等待或继续招呼。

挑选商品要预先考虑，尽力避免售货员的无效劳动；肯定不买的商品，不要让营业员拿给你观赏。选好的商品，要当面交清钱和票证。在挑选易损和易污的商品时，必须小心谨慎。

推手推车时要抓稳，选购时要把推车停在适当的位置，以便他人可轻易通过。

当你排队等候付账时，如果你的手推车里装得满满的，而排在后面的人只有两三件，可礼让一下，让其先行结账。

二、阅览

学校的阅览室是师生们的公共场所，为创造良好的学习环境，教师们也要做好以下礼仪规范：

穿着整洁，不穿背心和拖鞋入内，女教师不要穿着发出响声的尖高跟鞋。

进阅览室时，要依次排队。脚步要轻，不要高声谈笑，力争少说话，避免将凳子弄出声响。

不用东西占座，不在座位上躺卧。

保持室内干净，不吸烟、吃东西。

不说话或通电话，不按手机键，不要短信发个不停，不与旁人窃窃私语。碰到熟人可点头致意，如要交谈，应离开阅览室找一个地方交谈。

图书是公共财产，不能为了个人利益而损坏属于大众的图书。看书以前最好能洗一洗手，以保持书的整洁。看书时需要哪一段，可以抄下来，也可经允许后拿去复印，但绝不能撕下。在图书上随便圈点、涂抹、折页，或是把自己需要的图片资料撕挖下来，这是自私自利的不道德行为。

在阅览室查阅目录卡片时，也不可把卡片翻乱或撕坏，或用笔在卡片上涂抹画线。对图书馆和阅览室内的桌椅板凳也应注意爱护。

在阅览室看书时，应一本一本地取下来看，不可同时占用几份书刊。阅后要迅速将书籍放回原处，以便他人阅读。

离开阅览室时把自己的位子清理干净，将座椅向书桌靠拢。

借书要及时归还。当借到一本急需的书时，要抓紧时间看，心中应有"还有好多人也想看这本书"的观念，多为别人着想，这才是正确的。

三、排队

排队是一个民族文明程度最明显的表现之一。在公共场合，不管有没有明文规定或是他人监督，教师都应该主动排队。

排队时应与前面的人保持适当距离，靠得太近可能有侵犯人家私人空间之虞，有可能妨碍他人的隐私。站得较远又会惹来提问："你是否在排队？"

如果你在等车或别的需要排队却没有其他人时，你应该站在龙头位置而不要四处走动，不然别人就无法确定你是不是在排队。

遵守公共秩序是每个人的义务，所以批评、制止不守秩序的人也是在帮助维护公共秩序的表现。

四、住宿

由于多种原因，我们教师有时需要出远门，或由于工作关系，外出公差；或由于研究学习的需要，去外地查资料……"在家千般好，出门时时难。"尽管时代的列车已经驶入 21 世纪，但人们出门在外，依然觉得不如在家里方便、安全。一些外出者有时可借宿在亲朋好友家，在夏天甚至可以风餐露宿。但绝大多数外出教师通常还是住在旅馆、酒店、招待所。

旅客希望旅馆清洁、舒适、安全而旅馆希望旅客讲文明守规矩。其实，只要双方一起努力，就能达到双方的共同心愿——旅客"出门时时安"。为此，教师作为一名文明旅客，应自觉遵守下列住宿礼仪。

当需要住宿，走进旅馆或酒店、招待所的服务台时，应先有礼貌地向服务台工作人员打个招呼，然后再询问是否还有客房或床位。若该旅馆已客满，应大方地向服务人员道别，再找其他旅馆。

在办理住宿登记手续时，应耐心地回答服务台工作人员的询问，按旅馆的规章制度办理登记手续，住房要服从服务台的安排，有事多协商。

住进客房后应讲究卫生，不要到处乱扔果皮、纸屑，应将废弃物扔进纸篓。应爱护房内设备，不要随便移动电视的位置等，也不要在墙壁上乱涂乱画。

旅馆是公众休息的场所，教师在酒店、宾馆、旅馆中住宿应保持安静，不要大声喧哗，不要将电视机的音量调节得太大，或长时间打电话，以免影响他人休息。应自觉遵守酒店、宾馆、旅馆的各项规章制度。

离开酒店、宾馆、旅馆前，应及时到服务台结账，并同工作人员话别。

五、影剧院

电影院、剧院是比较高雅的场所，人们把进剧院看戏、听音乐视为一种高雅的艺术享受。因此，要求教师的仪态举止应当与其氛围相协调。

随着电视机走进千家万户，到电影院看电影的观众相对减少了，但仍有不少人喜欢到电影院看电影，特别是年轻人，在闲暇时和朋友看一场电影常常是不错的选择。作为教师到电影院看电影，应衣着整洁。上剧院观看演出，着装应庄重得体，夏天不能穿背心、拖鞋入场。不要在场内吸烟。

教师去影剧院看电影或观看演出时，应尽量提前或准时入场。在入口处，主动出示票证，请工作人员检验，进场后对号入座。若到达较迟，其他观众已坐好，自己的座位在里面，这时应有礼貌地请别人给自己让道。从别人面前经过时，应面向让道者一边道谢，一边侧着身体朝前走，而不要背对着人家走过去。

从礼仪的角度出发，去剧场观看演出，迟到者应自觉站在剧场后面，只能在幕间入场，或等到台上表演告一段落时赶紧悄然入座。

到剧场观看演出，入座后，戴帽者应摘下帽子。坐时不要将椅子两边的扶手都占据了，要照顾到"左邻右舍"。观看演出时，不要摇头晃脑、手舞足蹈或交头接耳，以免妨碍后面观众的视线。也不要高谈阔论，以免影响周围观众。观看演出时，切忌起哄、吹口哨、怪声尖叫。对于吃零食的观众要自我约束，不吃带壳的食物，不吃带响声的食物。

在剧院看演出时，场内应保持安静，要有礼貌地适时鼓掌，以表达对演员、指挥的尊敬、钦佩和谢意。鼓掌要掌握好时机，例如：当受欢迎的演员首次出台亮相时应鼓掌；观看芭蕾舞，乐队指挥进场时鼓掌；

一个个高难的杂技动作完成时应鼓掌；一首动听的歌曲演唱完毕时应鼓掌；演出告一段落时应鼓掌；演出全部结束时应起立热烈鼓掌。

在观看演出时，鼓掌若不得当，就会产生副作用。比如演员的台词还没说完，交响乐的一个乐章尚未结束时就贸然鼓掌，不仅影响演出效果，而且还会大煞风景。

在剧院看演出时，不宜中途退场。如果临时有急事或确实不喜欢看，应在幕间休息或一个节目结束时离场。

观看演出应善始善终。演出结束时，不要匆忙离场，应等演员谢幕或主宾在主人陪同下登台向演员致谢后，再秩序井然地离场。

六、体育场

体育场是进行体育锻炼和体育比赛的场所。教师在体育场观看体育比赛，应讲究有关礼仪。

去体育场观看比赛，衣着不要太讲究，但要整洁、大方。人多时，应自觉排队购票，按时入场。倘若姗姗来迟，入座时会影响别人观看比赛。入场后应尽快找到看台座位坐下来。

观看体育比赛时，希望自己喜欢的运动队获胜是人之常情，也是可以理解的。但是，作为一名文明观众，教师应尽量克制在感情上一边倒的倾向，要为双方队员鼓掌加油，为每位运动员的出色表现喝彩。不要只当一方的拉拉队员，而对另一方喝倒彩或故意起哄。

"人有失手，马有失蹄。"作为一名观众，对运动员在比赛中竞技发挥的失常、失误要给予谅解，不可发出嘘声、怪声或讥笑声。要尊重运动员、裁判员、服务人员的劳动，不嘲讽、辱骂裁判员和运动员。

作为一名文明观众，教师要自觉维护体育场内的卫生，不随地吐痰，不乱扔果皮、瓜子壳等废弃物，不要乱踩座位，不可翻越栏杆，不能在室内体育馆吸烟。

比赛结束后，散场时应按秩序退场，不要拥挤，遇到老弱病残者应主动礼让。

七、公园里

公园是人们休息、娱乐的公共场所，无论春夏秋冬，许多离退休老

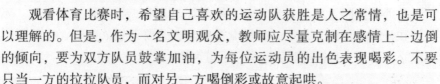

人清晨来到公园，进行活动和早锻炼；白天，游园者来到公园观光赏景；黄昏时分，忙累了一天的职员们在公园的草径上漫步，借此消除精神疲劳。每逢周末或节假日，一些家庭全家出去，去公园享受和体会大自然的美。不少学生周末或节假日也来到公园僻静处看书学习。公园更是少年儿童的乐园。

人人都爱美，热爱美丽的大自然，都喜欢在空气清新、景色迷人的公园里休息、娱乐或举办活动等。因此，也都有责任和义务爱护公园，并要讲究游园礼仪。

在公园里活动和游玩的教师，应当自觉保持公园的卫生和宁静。在公园内不要随手乱扔果皮、纸屑、饮料瓶罐，也不要高声喧哗、嬉笑打闹。利用双休日在公园游玩、野餐的年轻教师和家庭，不要忘了将废弃物收拾干净。

同时，还应自觉遵守公园的规章制度，爱护公园的花草树木和娱乐设施，不能攀树折枝、掐花摘果、践踏草坪，也不要在文物古迹上刻画、书写自己的名字。要知道，人靠建功立业名垂青史，而到处涂抹自己的名字，只会在其他游园者心目中留下不好的印象。

教师在公园里游玩和活动时，同样要讲风格，讲礼让，讲互助。不要躺在公园的长椅上睡觉；在景点拍照时，若要请别人帮忙，应礼貌地说出来，请别人帮忙拍照后，别忘了道声谢。

八、几种特殊场合下教师需要注意的礼仪

1. 银行

在银行办理相关业务时，应按照银行划定的区域按顺序排队。在前面的人临近窗口办理个人业务时，后者应主动远离，在 1 米线后等待。窥视、越步上前询问或未等前面的人办完就争抢办理业务，都是非常不礼貌的行为。在排队时，个人物品应拿好，以免别人碰到造成不必要的误会。不要窥视和记录他人的账号和密码，也不要偷听他人与银行业务员的谈话内容。

2. 邮政

不要妨碍或干涉他人办理邮政业务，不要偷窥他人填写的汇款单或汇物单据。

3. 安检

不要拥挤和插队，不要偷窥他人的证件，提前拿出钥匙等随身携带的物品，登飞机前不要忘记关闭手机。

4. 海关

不要携带违禁或非法物品，不要使用伪造的身份证，当海关人员询问时不得有所隐瞒。

5. 餐厅

排队等候需要有一定的耐心，不要插队，也不要敲击碗筷，给场所制造不安的气氛。排队时彼此的距离可稍近，但不要紧挨排在前面的人。

6. 医院

排队时不要大声喧哗，不要偷窥他人的处方或化验单，更不要随意询问陌生人的病情，或者站在诊室门口倾听、观看别人的检查诊断。

7. 探病

当亲友、同事、同学患病时，前往探望、慰问是人之常情，是一种礼节。对病人而言，能让他（她）心神快慰，利于早日康复。

但如果探望者言行举止失当，那会给病人造成不利影响。到医院探视前，先向其家属友人了解一下病人的病情、心情以及饮食起居，以便到病房后作些针对性的安慰。

送给病人的礼品要精心挑选，鲜花、水果、书刊是普遍受欢迎的。如送食品或营养品要先考虑病人病情。

探望病人时应选择适当时机，尽量避开病人休息和医疗时间。由于病人的饮食和睡眠比常人更为重要，所以不宜在早晨、中午、深夜以及病人吃饭或休息时间前往探视。如果是探望住院的病人，还应在医院规定的时间内前往。若病人正在休息，应不予打扰，可稍候或留言相告。若病人在家静养，一般以下午探望为宜。午间和晚上是病人休息的时间，最好不要去打扰。

探望时进医院探望病人，遵守医院规定，按要求进入和离开。

进病房要先轻轻敲门，然后进去。到病床前，先把礼物放下，看到病人同往常一样自然、平静、面带笑容，主动上前握手，不能握手时，可探身以示招呼，在病人身旁拿一椅子坐下。

同病人交谈，表情要冷静、自然，在病人介绍些情况后，多说些安慰、开导的话，也可以说一些逸闻趣事、社会新闻、战胜疾病的事例，让病人因开心而暂时忘却病痛，恢复自信，战胜病魔。与病人谈话时，一般应先询问病人身体状况及治疗效果。在病人讲述病情时，要认真地听，不要心不在焉，左顾右盼。但最忌探望者详细地向病人询问其病情，或当着病人的面向主治医生询问医疗方法。

不要向病人介绍道听途说的偏方、秘方，不推荐未经临床实验的药物。如病人的病情需要保密时，不要和病人一起去乱猜，已知道应保密的病情，更不能对病人进行暗示。

为照顾病人休息，谈话和逗留的时间应较短，注意避免谈论可能刺激对方或有关忌讳的话题。探望病人的时间不宜过长，十分钟左右即可起身告辞。询问一下病人有什么事情需要帮助，再嘱咐病人安心治疗，表示过两天再来探望。告别时，一般应谢绝病人送行，祝他（她）早日恢复健康。

8. 乘电梯

随着城市建设的发展，电梯已在许多场所使用，教师有必要学会乘电梯的礼仪。

等乘电梯，应站在电梯门两侧。门开时，应先出后进。当人数超载时，应主动退出。

伴随客人或长辈来到电梯厅门前时，先按电梯呼梯按钮。轿厢到达厅门打开时，若客人不止一人，可先行进入电梯，一手按"开门"按钮，另一手按住电梯侧门，礼貌地说"请进"，请客人们或长辈们进入电梯轿厢。进入电梯后，按下客人或长辈要去的楼层按钮。

走进电梯后，应该给别人让地方。先上者站两侧，次者靠两侧及后壁。应该让残疾人站在离电梯门最近的地方，当他们上下电梯时，应为他们扶住门。

电梯内可视状况决定是否寒暄。若没有其他人时可略做寒暄。若与同乘的人不相识，目光最好放在楼层显示数字上，不要四处张望或盯在某一个人身上。电梯内要保持安静、清洁，不要大声讲话，不要谈论有争议的问题或有关个人的话题，更不能在电梯内吸烟、随地吐痰等。

站立时应面向电梯门，尽量侧身面对客人。避免和陌生人尤其是异性面对面站立。

在自己的目的楼层快要到时，应尽早等候在电梯门旁，不要等电梯打开时，才匆匆忙忙出来。一般说来，与不相识者同乘电梯，出来时应由外至内依次而出，不要争先恐后。若是客人，应一手按住"开门"按钮，另一手并做出请出的动作，可说："到了，您先请！"客人走出电梯后，自己立刻步出电梯，并热诚地引导行进的方向。

9. 健身房

健身房是供人们锻炼身体的场所。教师在公共健身房活动，要讲究以下礼仪：

（1）互相关照。

公共健身房内配备多种器材，分别用于锻炼身体不同部位的肌肉。有鉴于此，一个人不要长时间霸占某一项器材，以免妨碍他人进行全身运动。此外，运动完毕，应将器材归回初始状态，计时计数归零。

（2）保持器材干净。

在锻炼时汗水弄湿了器材，应用毛巾等擦干器材。

（3）保持安静。

健身房是运动场所，应避免高声谈笑或大声喧哗。

（4）致意。

离开健身房前，应向指导教练致意，感谢他（她）的指导与陪伴。

10. 游泳池

游泳池是人们健身和消暑的好地方。教师在游泳池游泳，要讲究以下礼仪：

（1）保持池水清洁。

入池前，先冲个澡，把身上的汗水、灰尘等洗干净，以免污染了清洁的池水。

（2）为他人着想。

在公共游泳池游泳时，最好按照一定的路线前进，不要突然急转弯，以免碰到他人。

（3）注意安全。

在游泳池嬉戏，要注意安全，尽可能避免出现呛水或身体碰撞等情况。

11. 洗手间

洗手间是每个人都使用的场所之一，而洗手间的礼仪，可以从侧面反映一个人的文明素质。

（1）洗手间的标志。

国际上最通用的洗手间标志是"WC"。除文字外，还有图画标志。男女洗手间通常以男人和女人的头像分别作标志。此外，女洗手间的标志还有裙子、皮包、丝巾、高跟鞋等；男洗手间的标志还有帽子、烟斗、长裤、领带等。如以颜色区别的话，红色的为女士洗手间，蓝色为男士洗手间。

（2）火车、飞机和轮船等洗手间的使用。

在火车、飞机和轮船上，洗手间是男女共用的。使用前应先看清门上显示的是有人还是没人，不要贸然进去。

出入洗手间时不要用力过猛，将门拉得大开或者撞得直响。在洗手间内的时间不应太长，使用洗手间时应自觉保持洗手间的清洁卫生，不应在洗手间里信笔涂鸦。用完洗手间后一定要放水及时冲洗并关好水龙头；纸屑应扔进纸篓；不要在洗手间内乱扔其他东西；注意保持洗脸池的清洁，不留脏水和污物。不要随手拿走洗手间里备用的手纸或乱拉乱用。

走出洗手间之前，应把衣饰整理好。不要一边系着裤扣或者整理着衣裙一边往外走，显得很不雅观。

第七章

教师社交礼仪

教师社交礼仪的准备

"知识使人变得文雅,而交际能力使人变得完善。"现代社会是信息的社会,是开放的社会。随着社会的发展,人与人之间的交往日趋频繁、紧密。充满朝气、志向远大的青年教师,再也不愿意自我封闭,而是迫切地需要了解社会,参加社交活动。

社会交往就是人的社会存在方式,是指在一定的历史条件下,人与人之间互相往来,进行物质、精神交流的社会活动。社交礼仪是人们从事交往、交际活动的行为标准和规范。它是社会礼仪体系中的一个重要组成部分,也是教师礼仪的重要组成部分,其实质是人们相互间信息的传递、情感交流、思想沟通及相互间施加影响等心理联系过程。

一、怎样邀约

在一般情况下,邀约有正式与非正式之分。正式的邀约有请柬邀约、书信邀约、传真邀约、电报邀约、便条邀约等具体形式。而非正式的邀约通常是以口头形式来表现的。相对而言,它要显得随便一些。

请柬,有横式请柬,对折后的左面外侧多为封面,右面内侧则为正文的行文之处。封面通常讲究采用红色,并标有"请柬"二字。但民间忌讳用黄色与黑色。在请柬上亲笔书写正文时,应采用钢笔或毛笔,并选择黑色、蓝色的墨水或墨汁。竖式请柬:作为中国传统文化的一种形式,竖式请柬多用于民间的传统性交际应酬。在请柬的行文中,通常必须包括活动形式、活动时间、活动地点、活动要求、联络方式以及邀请人等项内容。最好亲笔写明请帖内容,以显示你最大的诚意,最少也得亲自签名。在请帖左上角最好再告诉客人,不论能不能来,都请尽快答复,最周到的方式是附上回帖,说明回帖地址、电话号码或联系人的姓名。

请柬虽属书信的一种,又与书信不同。书信一般是双方不便或不宜直接交谈而采用的交际方式。而请柬却不同,即使近在咫尺也须送请柬,它表示对客人的尊敬,也表明邀请者对此事的诚意和郑重态度。所以,在款式和装帧设计上,要注意其艺术性,使其美观、大方。

在应邀参加正式宴会的活动,不必回请。而参加在私人家里举行的宴会,尽可能地做到回请。若以口头方式邀请,主人最好不要在第三者面前邀请客人,这样会伤害他人的自尊心。这一原则不论中外,放诸四海皆准。

上级邀请下级时,一般不要携伴前往。且不要在办公室里宣扬,同事们会为自己没受到邀请而难过,甚至没来由地给你的同事关系带来负面影响。如果上级没当众邀请你,多半他也不希望你的同事知道这件事。

下级邀请上级一样要谨慎处理。最好带有老友感情。

二、怎样赴约

当你得到邀请时,无需有请必应。但一旦接受了邀请,就必须如期赴约,除非你有极特殊情况。

当收到有"请回复"栏的请柬都必须尽可能迅速地答复,否则,邀请者就不知道有多少人赴宴,这就失礼了。

身为客人,收到请帖之后不必到处炫耀,特别是受到上级领导或是同事的邀请,这等于是扯主人的后腿,帮主人得罪人。

赴约准时是做客的首要礼仪。在中国,一般赴约客人要提前半小时到达。有些请帖写明客人到达和宴会开始的时间,例如"6 时到达,6 时 30 分宴会开始",客人则应按时到达。如因故在宴会开始前 8 分钟或 10 分钟到达,不算失礼,但迟到则非常失礼,表示对主人不够尊敬。主人在客人到来之前有事外出,要及时赶回,如果客人到了主人还没回来,实在太不礼貌。

无论参加何种宴请,都必须把自己打扮得整洁、大方、庄重,着装要朴素大方,这是对自己和别人的尊重。

到人家做客时,如有门铃,应先按门铃,无人应答再轻轻叩门,主人听到敲门或电铃声出来后,互相问候方能进屋,不可门开即进。即使门口大开,也不可直入屋内,而应在门口说一声:"×××先生在家吗?"忌讲"里面有人吗?"待主人招呼进屋后方可进屋。敲门要把握好力度和节奏,切忌使劲和用脚踢门。敲门或按门铃后,屋内若无反应,可再敲或再按电铃,但时间不可过长。

进入主人家门后,要将自己的帽子、大衣、手套、雨具等交给主人的家人处理,如果主人家屋内是地毯或地板铺地,则应向主人要求换拖鞋。

走入主人家或宴会厅时应首先跟主人打招呼。同时,对其他客人,不管相识与否,都要微笑点头示意或握手问好;对长者要主动起立,让座问

127

安;对女宾举止庄重,彬彬有礼。这一切都要自然真切,落落大方,使赴宴者对你有"互不见外,情同一家"之感。

待主人安排座位后就座;主人端茶点烟,要起身道谢,双手迎接;主人献糖果,要等年长者和其他客人先取之后自己再取;烟灰要弹在烟灰缸内,果皮、果核不要乱扔乱放;不可随便翻弄主人家的东西。

入席时对自己的座位应听从主人或招待人员指派,因为有的宴会,主人已早做了安排。如座位未定,应注意正对门口的座位是上座,背对门的座位是下座,应让身份高者、年长者、女士先入座,自己再找适当的座位坐下。

告辞前要向主人表示谢意。主人送出门口时,客人迈出一步要转回身致谢。如果主人站在门口,客人要走出几步后或在转弯处,回过身来告别,并向主人说"请回"、"请留步"等话。

教师见面礼仪

见面,是人们进入交际状态实施的第一个环节,是情感交流的开始,关系到第一印象。通常的见面礼节包括称呼、握手、鞠躬、举手注目礼、拥抱、接吻、致意、名片使用礼仪等等。

一、称呼礼仪

称呼,反映对人的情感和尊敬的程度。教师正确、适当地使用称呼,反映着教师自身的教养和对对方的评价,因此对它不能疏忽大意,随便乱用。

二、称呼的原则

(1)与场合相符。选择招呼的方式、语言,要考虑环境、场合因素。在工作、社交乃至国际交往中就该选用较正式的招呼方式和语言。而在生活场合、关系密切的人之间,可以运用轻松、随意的招呼方式和语言。

(2)与双方身份关系相符。通常问候之后,人们会很自然地行见面礼,以示友好,这时要注意依照身份来选择是否施礼或施行哪一种礼节。如办公室的一个普通教师遇到外来宾客,则应主动招呼,称呼要合乎常规,而面对本校领导的来到,一般不需要放下手中的工作驱前行礼。

三、日常生活中的称呼

在日常生活中,称呼应当亲切、自然、准确、合理。

(1)尊称。现代汉语常用的有:"你"、"您"、"某老"。通常,我们对长辈、平辈,可称其为"您"。以"您"称呼他人,是为了表示自己的恭敬之意。对待晚辈,则可称为"你"。"某老"专指德高望重的老人。

(2)以"同志"相称。此种最为通用,尤其是在比较传统的地区、人群之中,或者不知如何称呼时,这种略显保守的称呼反而比较保险。

(3)以"先生"、"女士"、"小姐"、"夫人"、"太太"相称。"小姐"与"女士"二者的区别在于,未婚者称"小姐",已婚者或不明确其婚否者则称"女士"。

(4)以其职务、职称相称。例如:汪校长、夏教授。

(5)姓名、或姓名加辈分。如:李华强伯伯、张叔叔、明霞阿姨。入乡随俗,采用对方所能理解并接受的称呼相称。

四、工作中的称呼

在工作岗位上,人们彼此之间的称呼是有其特殊性的。总的要求是要庄重、正式、规范。

1. 职务性称呼

在工作中,以交往对象的职务相称,以示身份有别和尊重。以职务相称,具体来说又分为三种情况:仅称职务;在职务之前加上姓氏;在职务之前加上姓名,这仅适用极其正式的场合。

2. 职称性称呼

对于具有技术职称者,尤其是具有高级、中级职称者,可以在工作中直接以其职称相称。以职称相称,也有下列三种情况较为常见:仅称职称,即直接以被称呼者的职业作为称呼;职称前加上姓氏;职称前加上姓名。

3. 学衔性称呼

在工作中,以学衔作为称呼,可增加被称呼者的权威性,有助于增强现场的学术气氛。称呼学衔,有三种情况最常用。它们分别是:仅称学衔;在学衔前加上姓氏;在学衔前加上姓名。

4. 组织生活中的称呼

在党、团组织生活中,通常称呼同志。它具体又分为两种情况:姓名加上同志,一般在正式组织生活中、组织发展会等严肃场合,通常采用姓名加同志的称呼;名字加上同志,通常在组织生活会上、学习研讨会议等场合使用这种方式。

5. 同事间的姓名称呼

在工作岗位上称呼姓名,一般限于同事、熟人之间。其具体方法有三种:直呼姓名;只呼其姓,不称其名,通常要在它前面加上"老"、"大"、"小";只称其名,不呼其姓,它通常限于同性之间,尤其是上司称呼下级、长辈称呼晚辈之时。

五、称呼中的禁忌与错误的称呼

使用错误的称呼,主要表现为尊重不够,准备不足,知识局限,粗心大意等。

1. 误读

误读,一般表现为念错被称呼者的姓名。比如,"仇"(qiú)不能读 chóu、"查"(zhā)不能读 chá、"覃"(qín)不能读 tán、"盖"(gě)有时不能读 gài 等等。

2. 误会

误会,主要指对被称呼的年纪、辈分、婚否以及与其他人的关系作出了错误判断。比如,将未婚妇女称为"夫人"。

3. 过时的称呼

有些称呼,具有一定的时效性,若再采用,难免贻笑大方。例如:在我国古代,对官员称为"老爷"、"大人"。若将它们全盘照搬进现代生活里来,就会显得不伦不类。

4. 不通行、不适当的称呼

有些称呼,具有一定的地域性,比如,北京人爱称人为"师傅",山东人爱称人为"伙计",中国人把配偶经常称为"爱人"。但是,在南方人听来,"师傅"等于"出家人","伙计"肯定是"打工仔"。而外国人则将"爱人"理解为搞"婚外恋"的"第三者",可见是"南辕北辙了",误会太大了。

5. 庸俗低级的称呼

有些称呼在正式场合不应使用。例如,"哥们儿"、"姐们儿"、"瓷器"、"死党"、"发小"等一类的称呼,就显得庸俗低级,档次不高,而且带有黑话的风格。把学校领导称为"老板"、"头儿"也不合适。

6. 绰号

对于关系一般者,切勿自作主张给对方起绰号,更不能随意以道听途说来的绰号去称呼对方。要尊重一个人,首先必须学会去尊重其姓名。每一个正常人,都极为看重本人的姓名,不容他人对此进行任何形式的轻贱。

7. 性别差异

同性的朋友、熟人,若关系极为亲密,可以不称其姓,而直呼其名。对于异性,则一般不可这样做。

六、见面礼仪

握手礼。握手是一种很常用的礼节。为了表示尊重对方,要目视对方;不要坐着和躺着握手,若因病或其他原因确实无法站起来,也应欠身表示敬意;不要带着手套握手,如果来不及脱去应向对方表示歉意;男人同女人握手,用力不可过大,时间不宜过长。

点头礼。点头礼与握手都是最普遍的见面礼仪,简单方便,不受时间、地点、对象的限制。

拱手礼。又叫作揖礼,是我国传统的礼节之一。行礼时,不分尊卑,两手握拳,右手抱左手,拱手齐眉,上下加重摇动几下,重礼可作揖后鞠躬。

脱帽礼。见面时男士应摘下帽子或举一举帽子,并向对方致意或问好。进入主人房间时,客人必须脱帽。在庄重、正规的场合应自觉脱帽。这种礼节对女士要求不是很严格。

鞠躬礼。鞠躬礼起源于中国。古时,鞠躬礼是下级对上级、学生对老师、晚辈对长辈的一种礼节。行礼必须脱帽,取立正姿势,身体向前倾斜15度左右。

拥抱礼。拥抱礼是流行于欧美的一种礼节,多用于官方、民间的迎送宾客或祝贺致谢等社交场合。

举手礼。举手礼也是一种常见的见面礼仪,多在学校、军队中使用。

打招呼是熟人相遇的一种简单见面礼节。主动向对方示意、打个招呼,既显示出友好和善意,也是对别人的尊重。但在公共场合打招呼应该注意的是,如两人距离相近,可以微笑地寒暄一下;如果离得很远,可隔着人群以微笑点头向对方示意。

七、握手礼仪

握手礼是交际中最常见的礼节,因此本书重点介绍这一礼仪。恰当地握手需要注意以下几个方面:握手的时机、握手的方式、伸手的次序、握手的禁忌。

1. 握手的时机

(1)迎送时表示敬意。在办公室里、家中以及其他一切以自己作为东道主的社交场合,迎接或送别来访者时,要握手,以示欢迎或欢送。拜访他人、慰问同事、进行家访后,辞行时,要握手,以示"再会"。

(2)在重要的社交活动中表示敬意。如开学典礼、毕业典礼、年终奖励、研讨会、家长会、校友会、运动会、宴会、舞会、沙龙、生日晚会开始前与结束时,要与宾朋握手,以示欢迎与道别。

(3)表示感谢。

他人给予了自己一定的支持、鼓励、祝贺、馈赠、帮助,或邀请参加活动时,要握手,以示衷心感激。

(4)向他人表示恭喜、祝贺时,如祝贺生日、结婚、生子、晋升、升学,或获得荣誉、嘉奖时,要握手,以示贺喜之诚意。

(5)高兴与问候

遇到较长时间未曾谋面的熟人,要握手,以示久别重逢而万分欣喜。被介绍给不相识者时,要握手,以示自己乐于结识对方,并为此深感荣幸。在社交性场合,偶然遇到同事、同学、朋友、邻居、长辈或上司时,要握手,以示高兴与问候。

(6)对他人表示理解、支持、肯定时,要握手,以示真心实意。得悉他人患病、遭受其他挫折或家人过世时,要握手,以示慰问。

2. 握手的方式

具体来说,握手礼通常先打招呼,说敬语或问候语,寒暄问候。双目应注视对方,神情专注,姿态自然,微笑点头,然后相互握手。行握手礼时,距对方约一步,上身前倾,两足立正,伸出右手,四指并齐,拇指张开向受礼者握手,并上下微动,约两三秒钟,礼毕即松开。

握手礼同时是情感流露的重要形式,在手部触摸时感受对方的态度。有一定力度且时间较长的握手表示热情和真诚;而轻轻一握即分开则表示冷淡。

教师与人握手时手位要适当,手掌垂直于地面最为适当。它称为"平等式握手",表示自己不卑不亢。与人握手时掌心向上,表示自己谦恭、谨慎,这一方式叫作"友善式握手"。与人握手时掌心向下,则表示自己感觉甚佳,自高自大,这一方式叫作"控制式握手"。教师不必如此造作。若关系亲近密切者,则边握手边问候,甚至两人双手长时间地紧握在一起。年轻者对长者、尊者或上级应稍微向前欠身,双手握住对方的手以示尊敬。此种方式的握手不适用于初识者与异性,因为它有可能被理解为讨好或失态。这一方式有时亦称"手套式握手"。

男子与女子相见时,女方若不先伸手,男方一般不可行握手礼。和女方握手时,往往只轻握一下女方的手指部分。握手时,为了向交往对象表示热情友好,应当稍许用力,大致握力在两公斤左右为宜。与亲朋故旧握手时,所用的力量可以稍大一些;而在与异性以及初次相识者握手时,则千万不可用力过猛。在与人握手时,不可以毫不用力,毫无反应,不然就会使对方感到你怠慢无礼。这种握手方式国际上称为"死鱼手"。

男子在握手前先脱下手套,摘掉帽子、墨镜。在介绍女子与男子相识时,女子可不起立,握手时戴着纱手套也是可以的。

3. 握手的次序

握手时应注意以下几个方面的事项:行握手礼时,教师、女子、长者、尊者、上级、主人、先到者、已婚者有先伸手的义务,不然会使对方尴尬。学生、男子、年轻者、身份低者、下级、客人、后到者、未婚者向对方问候并在对方伸手之后再行握手礼。

有时交际的双方身份是交叉的,例如 A 是女士,同时又是下级、学生,B 是男士同时又是上级、教师,谁先伸手呢? 这就应具体情况具体分析,在校园内,身份明确,按教师、上级先伸手;在社交场合,或当时双方不知道谁是上级,则应按女士优先原则,其次是长者优先的原则,由女士、长者先伸手。

多人行握手礼注意不可交叉,待别人握完再握手。个人需要与多人握手,也应讲究先后次序,由尊而卑。握手礼仪的特例是主人与客人握手的次序。在接待来访者时,应由主人首先伸出手来与客人相握表示"欢迎"。而在客人告辞时,则应由客人首先伸出手来与主人相握表示"再见"。

4. 握手的禁忌

(1)拒绝他人的握手。无论谁先向自己伸手,即便他忽视了握手礼的先后顺序已经伸出了手,都应看作是友好、问候的表示,应马上伸手相握,拒绝他人的握手是很不礼貌的。

(2)用力过猛。握手时不要用力过猛,尤其是当男性与女性握手时,用力一定要适度,不要对女性采取双握式(俗称"三明治"式)握手。

(3)交叉握手。在多人同时握手时,不要交叉握手。当自己伸手时发现别人已伸手,应主动收回,并说声"对不起",待别人握完后再伸手相握。

(4)戴手套握手。与人握手时均不应戴手套,但女士穿夜礼服、婚礼服等套装戴纱手套时例外。

(5)握手时东张西望。握手时不能双目斜视或环视其他而应注视对方,两手相握时,通过双方的目光形成一个情感的"闭合回路"。

5. 不宜握手的情况

对方手部有伤;手里拿着较重的东西;忙着别的事;与自己距离较远;所处环境不适合握手。当自己的手不干净时,应亮出手掌向对方示意声明,并表示歉意。

七、介绍礼仪

介绍是人际交往中与他人进行沟通、增进了解、建立联系的一种最基本、最常规的方式,介绍礼仪是礼仪中的基本、也是很重要的内容。

自我介绍,是进入社会交往的一把钥匙,运用得好,可为你社会活动的顺利助一臂之力,反之则可能给你带来种种不利。需要做自我介绍的情况有以下几种:

社交场合中遇到你希望结识的人,又找不到适当的人介绍。这时自我介绍应谦逊、简明,把对对方的敬慕之情真诚地表达出来。

电话约某人,而又从未与这个人见过面。这时要向对方介绍自己的基本情况,还要简略谈一下要约见对方的事由。

演讲、发言前。这时面对听众做自我介绍,最好既简明扼要,又要有特色,利用"首因效应",给听众一个良好的第一印象。

如果有介绍人在场,自我介绍则被视为不礼貌的。自我介绍时应先向对方点头致意,得到回应后再向对方介绍自己的姓名、身份、单位等。内容可根据实际的需要、所处的场合而定,要有鲜明的针对性。

在某些公共场所和一般社交场合,自己并无与对方深入交往的愿望,作自我介绍只是向对方表明自己身份。这样的情况只需简洁介绍自己的姓名。有时,也可对自己姓名的写法作些解释。

在社交活动中,如希望新结识的对象记住自己,作进一步沟通与交往,自我介绍时除姓名、单位、职务外,还可提及与对方某些熟人的关系或与对方相同的兴趣爱好。

若在讲座、报告、庆典、仪式等正规隆重的场合向出席人员介绍自己时,还应加一些适当的谦辞和敬语。如"各位来宾,大家好,我叫林华,是某某大学的教师,今天向大家谈谈自己在工作研究上的一些心得,有不当的地方请给予指正。"

1. 自我介绍要注意

一是抓住时机,在适当的场合进行自我介绍。对方有空闲,而且情绪较好又有兴趣时,这样就不会打扰对方。如无特殊情况最好不要长于 *1* 分钟。

二是自我介绍时态度要自然、友善、亲切、随和,镇定而充满自信,清晰地报出自己的姓名(这是必须的),并善于使用体态语言,表达自己的友善、关怀、诚意和愿望,落落大方,彬彬有礼,这是体现自信的表示。既不能唯唯诺诺,又不能虚张声势,轻浮夸张。语气要自然,语速要正常,语音要清晰。

三是自我介绍要实事求是,真实可信,不可自吹自擂,夸大其词。一般不宜用"很"、"第一"等表示极端赞颂的词,也不必有意贬低,关键在于掌握分寸。

四是根据不同交往的目的,注意介绍的繁简。自我介绍一般包括姓名、籍贯、职业、职务、工作单位或住址、毕业学校、经历、特长或兴趣等。自我介绍时应根据实际需要来决定介绍的繁简,不一定把上述内容逐一说出。在长者或尊者面前,语气应谦恭;在平辈和同事面前,语气应明快,直截了当。

2. 他人介绍

在有关介绍的规则中,第一条也是最重要的一条是:要进行他人介绍。最糟糕的礼节就是请某人到场而不向大家介绍。实际上,哪怕报错姓名或身份也比冷落他强。社交场合互不相识的人,介绍常常是通过第三者进行的。每个人都有可能充当被介绍者或为他人介绍的角色。

为他人作介绍时应遵循以下基本礼仪原则:

在公务交往中,介绍人应由公关礼仪人员、秘书担任;在社交场合,介绍人则应由女主人或被介绍的双方均有一定交情者充任。

为别人介绍之前不仅要征求一下被介绍双方的意见,在开始介绍时再打一下招呼,不要上去开口即讲,让被介绍者措手不及。

当介绍者询问是不是要有意认识某人时,不要拒绝或扭扭捏捏,而应欣然表示接受。实在不愿意时,要委婉说明原因。

介绍两人认识时要看着他们。开口前首先要把目光投给身份高的人,然后转向地位相对次要的人开始介绍。

介绍人作介绍时应该多使用敬辞。在较正式场合,介绍词也较郑重,一般以"×××,请允许我向您介绍……"的方式。在不十分正式的场合可随便些,可用"让我介绍一下"或"我来介绍一下","这位是……"的句式。介绍时语气清晰地说出得体的称谓,有时还可用些定语或形容词赞美介绍对方。

为人介绍时注意手势和表情。被介绍时,眼睛正视对方。除年长或位尊者外,被介绍双方最好站起来点头致意或握手致意,同时应说声:"您好,认识您很高兴"或"真荣幸能认识您"等得体的礼貌语言。

为他人介绍的内容,大体与自我介绍的内容相仿,可酌情在三项要素的基础上进行增减。作为第三者介绍他人相识时,要先向双方打一声招呼,让被介绍的双方都有所准备。

当介绍者走上前来,开始为你进行介绍时,被介绍者双方都应该起身站立,面含微笑,大方地目视介绍者或对方。

被第三者介绍给对方时,要说"您好""久仰久仰"或"见到您非常高兴",并主动握手或点头示意,表示友善、创造良好气氛。

不论是给别人做介绍还是自我介绍,被介绍双方态度都应谦和、友好、不卑不亢,切忌傲慢无礼或畏畏缩缩。

教师社交场景

一、交谈礼仪

教师交谈要使对方从自己的谈吐中汲取力量,得到知识和教益。在交际应酬中,要使交谈圆满成功,就得讲究交谈的礼仪。

二、交谈的态度

在任何社交场合,真诚和热情是交谈的基础。只有开诚相见、坦率耿直、谦虚谨慎、尊重他人的谈话才能使人感到亲切融洽。对于有心结交的人不要只讲"三分语",也不要绕圈子,更不要言不由衷,插科打诨,搞外交辞令。虚情假意、敷衍搪塞、盛气凌人、妄自尊大或油腔滑调、避实就虚,都会使人反感。

交谈时神态要专注,集中精力听对方的发言,尽量让对方把话讲完,不要轻易打断。切忌东张西望,心不在焉,或者翻阅书报,自顾自处理一些与交谈无关的事务,这都是极不礼貌的表现。在交谈中也不要面带倦容,显出一副疲惫不堪的样子。

三、交谈的距离

与人交谈的距离取决于不同民族的文化和私人之间的关系。一般来说,46厘米至61厘米属私人空间,相爱的恋人或是配偶、至亲可以安然地呆在这个私人空间里。若是其他人进入这一空间,此人就会觉得不自在;若是有异性处在这一空间,很有可能引起配偶的不悦。相反,若是与恋人距离超过46厘米,对方会觉得你疏远了他(她),对他或她没有热情,可能引起误解。私人空间可以延长到76厘米至122厘米,若讨论个人问题是最恰当不过的了。

到办公室找领导办事,最佳的空间距离为122厘米至213厘米。过小,则会被误认为你强人所难;过大,则会被误认为你不真心办事。领导人的办公桌较为宽大就告诉了你这一空间信息。

若你想从非亲密朋友那里获得某种信息,有效的空间距离为213厘米

137

至366厘米。小于这一空间给人以盛气凌人的印象；大于这一空间会使别人觉得你没礼貌，你也就不可能获得真实的信息。这个空间距离也是与普通朋友交谈的适当距离，过小他人就认为你俩在密谋不可告人的勾当；过大你们都会觉得话不投机半句多。366厘米以上的距离是演讲者与听众或两人不愉快谈话的有效空间。

从卫生角度考虑，两个人交谈的最佳距离为1.3米，可斜站对方侧面，形成30度角为最佳，避免面对面。这个距离和角度，既无疏远之感，又文明卫生。

与不同文化背景的人交往，要处理不同的人际空间。西欧一些国家认为，两个人交谈的最佳距离为一米，但意大利人经常保持0.3到0.4米。与美国人交谈必须保持在60厘米左右的空间距离上，这是他们认为最有分寸最友好的空间；若与一名阿拉伯人谈话，就要小于这个距离，否则就会出现你往后退他往前追的滑稽场面。因为前者生活在非接触性文化环境中，而后者则生活在接触性文化环境中。

四、交谈话题

互道姓名之后，第一句交谈是最不容易的，因为你不熟悉对方，不知道他的性格、嗜好和品行，又受时间的限制，不容你多作了解或考虑，而又不能冒昧地提出特殊话题。这时最常用的办法就是谈论天气，但除了散步时用外，在别的场合上说来不仅太过于敷衍，而且缺乏内容，未能引起对方作进一步的谈话。此时，就地取材似乎比较简单适体，就是按照当时的环境而寻找话题。

人们交谈时通常是由开始讲话的人选择一个话题，大家围绕这一话题各抒己见，然后转向另一个话题，因此选择合适的话题便十分重要。

如果相遇地点在朋友的家里，或是在朋友的喜宴上，就可由对方和主人的关系作为开场白。"这客厅布置得很不错！"赞美一样东西常常是最稳当得体的开始。"今天的客人真不少！"这句话虽老套，但也可以引起其他的话题。比如说"你和某先生是同事吗？"无论问得对不对，总可引起对方的话题，也可以对他人的打扮加以适当赞美。

只要我们在日常生活中多加留意的话，任何题材都是良好的谈话资料。不是只有奇闻轶事才可以引起人们的谈兴，这类话题虽然听起来有趣,可是毕竟不多,而且有很多都为众所知。如果你以为只有最不平凡的事情才值得一提,你就会觉得无话可说。

你也不必对你的话题特别有研究,达到专家的程度,只要你有自己正确、合理,甚至独到的观点,表述清晰的话,这个话题就值得一试。你可以谈体育运动,可以谈衣食住行,可以谈感情,可以谈时事政治或社会新闻,你也可以交换一下对某个故事的看法,有的话题重复出现,在话题后面记下次数,这样就得到一张话题清单。检查出现次数较多的话题,问自己两个问题:如果别人总是跟你谈这样的话题,你想不想听?如果不想听,为什么?

第一次见面时,不要总是谈论自己,尤其是总是悲叹世界对你怎么样不公平之类的悲观话题,开始人们可能会同情你,时间久了人们便失去了兴趣甚至不愿与你交谈了。

有关禁忌的话题和私人的话题最好不要与关系一般的人交谈。无论是男性还是女性(以女性为重),不要打听别人的年龄或经济来源、经济状况等,避谈政治、宗教等可能个人立场不同的话题。夫妻关系、家庭成员之间的矛盾、不愿谈及的疾病等等话题最好不要触及,除非对方主动提及。

朋友、熟人之间适当开开玩笑,可以活跃气氛、增进友谊。但开玩笑一定要适度,要因人、因时、因环境、因内容而定。每个人的性格不同,和宽容大度的人开点玩笑或许可调节气氛,和异性开玩笑则要适可而止。开玩笑最好选择在对方心情舒畅时,或者当对方因小事生气时。在社交活动中,忌开庸俗的玩笑。玩笑一定要注意内容健康,风趣幽默,情调高雅。例如不能以残疾人的生理缺陷取笑对方。

五、交谈的技巧

注意语言的选择,使用语言要力求口语化,简洁、明快、生动、幽默,尽量避免粗俗、讽刺、挖苦、嘲弄、隐讥一类容易刺激对方情感的语言。

对于不同的人应该选择不同的语言。对于文化水平不高的人,不要老是咬文嚼字,也不要过于频繁地使用传统的敬语、谦语,而主要从态度上谦和。注意场面其他朋友的交谈,东道主要学会"弹钢琴",不要使有的朋友感冷落。

发言者应时刻注意观察对方的情绪,如悟到自己的谈话不合对方"胃口"，要趁机转移话题，适可而止。交谈要避免"一言堂"，让其他人也有发言与参与的机会。交谈中可能出现冷场，遇此情况要设法求同存异，选择都感兴趣的话题，千万不可悻悻然或者不辞而别。对别人谈话中的失误、不当之处也不必当场"计较"，以免伤了对方的自尊心，不妨事后再委婉陈明。

交谈遇有争论，要设法控制自己的感情，不要无理搅三分，得理不让人，力戒揭短、恶语伤人。

切勿形成小圈子，社交的目的就是让大家彼此认识、彼此熟悉，使对方感到愉悦，在交谈时最重要的就是记住别人的名字，不要在别人多次向你介绍他的名字后你还是想不起来，或是叫错了，这会让对方觉得没有受到起码的尊重。在交谈中多次引用对方的名字可以拉近双方的距离。但要注意，一是名字准确，二是称呼得当。

要学会慷慨地赞扬别人。赞美一定要真诚，不要只会说："你真是太好啦"之类的话。一定要先善于发现别人的优点，赞美事情本身。

当别人帮助你时，一定要学会感谢。真诚、专注的感谢可以让人感到诚意。

不要相信"闻过则喜"，批评对谁来说都不是一件让人愉快的事。为了被批评者的"面子"，批评时要尽可能避免第三者在场，不要把门大开着，不要高声地叫嚷。语气越"温柔"越容易让人接受。批评时，一定要针对事情本身，不要针对人。一定要记住：永远不要批评"人"。如果你要人家遵照你的意思去做事时，应该用商量的口气。譬如你对人家说："我要你这样做。"但你不这么说，而是用商量的口气说道："你看这样做好不好呢？"

每个人都渴望表达自己。聪明的聆听者能够让说话者有充分的表达欲望和表达机会，自然就更容易获得别人的好感。交谈时做一个出色的听众，也是交谈成功的好办法。

教师参加宴请礼仪

中国讲究"民以食为天"，西方认为"吃饭是外交的灵魂"。随着人们生活水平的提高，教师在外吃饭的机会越来越多。了解各种用餐礼仪，既可以提高教师的综合素质，又有利于开展各种交往。用餐是交际中最常见的活动形式之一。

教师参加宴会,无论是作为组织的代表,还是以私人身份出席,从入宴到告辞都应注重礼节规范。这既是个人素质与修养的体现,又是对主人的尊重。

参加宴请时应注意以下几个方面:

(1)参加宴会的准备。接到宴会邀请,应尽早做出邀请的答复。并注意相关活动的程序及安排。

(2)仪容和服饰。出席宴会前,应梳洗打扮、化妆、修发。衣着整洁、大方、美观。

(3)赠花与礼物。参加家庭宴会,可按习俗以及主客双方的关系,赠送花篮或花束,赠花时要注意对方的禁忌。备好礼品送给主人,礼品价值不一定很高,但要有意义。

(4)入宴席。按时出席宴请。入座或听从主人安排,或注意寻找座位卡上自己的名字,不可随意入座。入座后坐姿要端正,双脚踏在本人座位下。不可玩弄桌上的酒杯、盘碗、刀叉、筷子等餐具,不要用餐巾或口纸擦餐具。

(5)席间交谈。坐定后,可轻轻啜饮。应与同桌的人交谈,特别是左右邻座。若不相识,可自我介绍,谈话要掌握时机,要视交谈对象而定,不可自己夸夸其谈,或谈些荒诞离奇的事而引人不悦。

一、进餐礼仪

宴会开始时,一般是主人先致酒辞。此时应停止谈话,不可吃东西,注意倾听。致辞完毕,主人招呼后,即可开始进餐。

(1)举止文雅有礼貌。举止文雅是饮食文化的重要组成部分,对他人的体谅是指导良好餐桌举止的准则。取菜时不可一次盛得过多。盘中食物吃完后如果不够,可以再取。用餐前应先将餐巾打开铺在膝上,不要再放到领子里。餐巾不能用于擦面、擦汗,服务员送的香巾是用来擦面的,通常放在左手位,擦毕放回原盛器内。若遇本人不能吃或不爱吃的菜品,当服务员或主人夹菜时,不可打手势,不可拒绝,可取少量放入盘内,并表示"谢谢,够了"。对不合口味的菜品,勿显出难堪的表情。我方做主人宴请时,席上不必说过分谦虚的话。在给宾客让菜时,要用公用餐具主动让,切不可用自己的餐具让菜。宾客要注意对方是主人,不宜主动让菜。

吃食物要文雅,要微闭着嘴咀嚼,不可发出声响。要将食物送进口中,不可伸口去迎食物。食物过热时,可稍凉后再吃,忌用嘴吹。鱼刺、骨头、菜渣等不可直接外吐,要用餐巾掩嘴,用筷子取出,或轻吐在叉匙内,放在自己的餐碟外半边上。嘴里有食物时不可谈话。剔牙时,要用手或餐巾遮口,不可边走动边剔牙。吃剩的菜,用过的餐具、牙签等都应放在碟内,勿放在桌上。

用餐时要注意话语的礼仪,不要独自、不要冷场、不要好为人师、非议他人、不要争辩、反驳等。

(2)使用筷子的讲究。筷子是中国的国粹之一,中餐使用筷子有许多礼仪要求。为了便于大家正确使用筷子,我们对如何使用筷子的问题,总结了以下几点忌讳,供参考。

迷筷,就是筷子伸出却不知夹什么好,举筷不定;

脏筷,就是用筷子在盘里扒拉,无论是整理剩菜还是挑三拣四都不对;

敲筷子,就是用筷子敲桌子,或餐具碗碟;

指筷,就是拿筷子指人;

抢筷,就是两个人同时夹菜,结果筷子撞在了一起;

刺筷,就是夹不起来就用筷子当叉子,扎着夹;

吸筷,就是嘬筷子;

泪筷,夹菜时不干净,菜上挂汤淋了一桌;

别筷,拿筷子当剑使用,撕扯鸡腿什么的;

拉筷,就是正嚼着东西拿筷子往外撕,或者当牙签使;

粘筷,就是筷子上还粘着东西就去夹别的菜;

连筷,同一道菜连夹 3 次以上;

斜筷,要注意吃自己面前的菜,不要吃得太远,不要伸够;

贡筷,就是把筷子插在饭菜上;

分筷,筷子分放在餐具左右,只有在吃绝交饭时才这样摆;

横筷,这表示用餐完毕,客人和晚辈不能先横筷子;

长短筷,就是同时使用不一样长短的筷子,应避"三长两短"的忌讳。

如果筷子掉了,按北京的老习惯应该用右手捡。宴请回民朋友只能用黑白两色筷,尤其不要用油漆刷过的筷子。

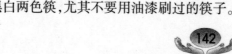

二、祝酒礼仪

碰杯时主人和主宾先碰,人多时可同时举杯示意,不一定碰杯。祝酒时不可交叉碰杯。在主人和主宾致辞祝酒时应停止进餐,停止交谈。主人和主宾讲话完毕与贵宾席人员碰杯后,往往到其他席敬酒,此时应起立举杯。碰杯时要注视对方,以示敬重友好。

宴会上相互敬酒,表示热烈的气氛,但切忌饮酒过量。一般应控制在本人酒量的三分之一以内。不能喝酒时可以礼貌地声明,但不可把杯子倒置,应轻轻按着杯缘。

敬酒也要宾主有序。由第一主人首先祝酒。或者给老人祝寿时,应该由长子或长女来首先祝酒。

两个桌子同时进餐,不要去过多地打扰另一桌进餐的人。去他桌敬酒,只端一个酒杯,不要拿其他东西。敬酒时,应该站在邀请人的右侧。不要太长时间地打扰他人进餐。用餐要敬酒不劝酒,不可在酒席上出现争执、恶谑、佯醉等不良之风,不可通宵达旦无节制地狂欢酗酒。

三、宽衣

在社交场合,无论天气如何炎热,不可当众解开纽扣,脱下衣服。小型便宴时,若主人请宾客宽衣,男宾可脱下外衣搭在椅背上。

四、喝茶(咖啡)礼仪

喝茶(或咖啡)时,应右手拿杯把,左手端盛杯的小碟,轻轻啜饮。通常牛奶、白糖均用单独器皿盛放或袋装。如需牛奶、白糖时,可自取加入,用小匙搅拌,搅拌完,小匙放在碟中。

五、水果

梨、苹果不可整个拿着吃。削皮时刀口朝内,从外向里削。香蕉先剥去皮,用刀切成小块吃,整个拿着吃不雅。橙子用刀切成块吃,橘子、荔枝、龙眼应剥去皮吃。

六、纪念物品

　　主人有时为参加宴会者备有小纪念品或者一朵鲜花。宴会结束时，主人招呼宾客带上纪念品，此时可说些赞扬小礼品的话，但不必郑重表示谢意。除主人特别示意作为纪念品的东西外，各种招待品包括糖果、水果、香烟等都不能带走。

七、告辞礼仪

　　正式宴会，一般在吃水果后即结束。国宴时间程序是一小时四十分钟，我们宴请也可参照此时间，尤其是工作用餐时间不宜过长。家宴一般以女主人的行动为准，女主人先邀请女主宾离席退出宴会厅。告辞时，应礼貌地向主人握手道谢。通常是男宾先向男主人告别，女宾先与女主人告别，然后交叉，再与其他人告别。退席时要有礼貌，退席理应不使主人难堪或心中不悦。从宴会结束到告辞之前，不可有任何不耐烦的表示。

第八章

教师集合礼仪

隆重场合礼仪

集会是学校日常工作中不可缺少的重要组成部分。平时举办的各种报告会、表彰会,每周一次的班主任会、行政会等,教师们都要参加。学校集会一般在操场或礼堂举行,由于参加者人数众多,又是正规场合,因此要格外注意集会中的礼仪。

要善始善终。学校组织各种大型会议、活动或演出,教师要按指定位置准时入座,不能迟到。在开会期间,不可无故提前离开或姗姗而来,或中途退场,这都是不允许的。尤其是请外人来作报告,更要自觉维护学校荣誉,尊重报告人劳动,按时入场,善始善终。

要保持安静。这是参加集会十分重要的问题。如果有个别人不守纪律,在底下随便议论、讲话,甚至大声喧哗、打闹、随意走动,将严重影响整个会场秩序。作为一个教师,应时刻注意自身的行为修养,自觉保持会场肃静,认真听报告。

要文明听会。学校举办各种大型会议,都是经过精心准备的。尤其是发言人付出了很多的劳动,准备讲稿,我们理应尊重他们的劳动成果,专心听取他人的发言。发言人发言开始和结束时,都应报以热烈的掌声表示欢迎和感谢。对发言者的讲话,要适时做出适当反应,讲到精彩处要热烈鼓掌。如果发言人有误,也不能有任何讥讽之举。有的教师在听会过程中,在底下睡觉,看书报杂志,剪指甲,这些做法不合情理,应避免发生。

一、典礼

庆典,是各种庆祝礼仪式的统称。在学校活动中,教师参加的庆祝仪式主要是开学典礼、毕业典礼、学校成立周年庆典、学校荣获某项荣誉的庆典等。就形式而论,学校所举行的各类庆祝仪式,都有一个最大的特色,那就是要务实而不务虚。如此才能增强学校全体师生的凝聚力与荣誉感,树立新形象,增强全校师生的自豪感,并且使社会各界对学校重新认识、刮目相看。

庆典的礼仪,即庆典的礼仪规范,由组织庆典的礼仪与参加庆典的礼仪两项基本内容组成。对教师而言,组织庆典与参加庆典时,要遵照多方面的不同要求。

1. 组织庆典的礼仪

（1）确定出席庆典的人员名单。上级领导、社会名流、大众传媒、教学伙伴、合作关系、全校师生,等等。并提前两周发出邀请或通知。

（2）精心安排好嘉宾的接待工作。热心细致地接待使嘉宾感受到主人的真挚、尊重与敬意。其程序有:迎送、引导、陪同、接待。

（3）精心布置好举行庆祝仪式的现场。依据仪式礼仪的有关规范,布置举行庆典的现场时,需要通盘思考的主要问题有:地点的选择;环境的美化;场地的大小;音响的准备;精心拟定好庆典的具体程序。庆典举行的成功与否,与其具体的程序关系密切。仪式礼仪规定,拟定庆典的程序时,必须坚持两条原则:

第一,时间宜短不宜长。

第二,程序宜少不宜多。

依照常规,庆典应包括以下程序:

①请嘉宾就座,出席者安静,介绍嘉宾。

②宣布庆典正式开始,全体起立,奏国歌,唱校歌。

③校长致辞。其内容是,对来宾表示感谢,介绍此次庆典的缘由等,其重点应是报捷以及庆典的可"庆"之处。

④邀请嘉宾讲话。

⑤安排文艺演出。

⑥邀请嘉宾进行参观。

2. 参加庆典的礼仪

参加庆典时,师生均应注意自己在临场之际的举止表现。其中,教师的表现尤为重要。假如,出席人员在庆典中精神风貌不佳、穿着打扮散漫、举止行为失当,这很容易对学校的形象进行"反面宣传"。因此,在举行庆祝仪式之前,教师应对学生进行必要的礼仪教育,规定有关的注意事项,并要求大家在临场之时,务必要严格遵守。

（1）仪容整洁。所有出席学校庆典的人员,都要仪容整洁、举止优雅。不允许出现蓬头垢面、浑身臭汗的现象。

（2）服饰规范。全校师生应以校服作为庆典着装。如有需要应在请柬上注明嘉宾的着装要求。总之,庄严隆重的庆典,在服饰方面不能任其自

147

然、自由放任。

（3）遵守时间。遵守时间，是基本的礼仪要求。上到学校校长，下到学生，都不得迟到、无故缺席或中途退场。庆典应准时开始，准时结束。

（4）表情庄重。在举行庆典的整个过程中，都要表情庄重、全神贯注、聚精会神。不允许嬉皮笑脸、嘻嘻哈哈，或是愁眉苦脸、一脸晦气、唉声叹气，这些都会影响学校的形象。

（5）态度友好。这里所指的，主要是对嘉宾态度要友好。遇到了嘉宾，要主动热情地问好。对嘉宾提出的问题，都要立即予以友善的答复。忌围观、指点嘉宾。当嘉宾在庆典上发表贺词时，或是随后进行参观时，要主动鼓掌表示欢迎或感谢。忌吹口哨、鼓倒掌、敲打桌椅、胡乱起哄。不允许打断嘉宾的讲话。

（6）举止文雅。在庆典举行期间切忌到处乱走、乱转。不要与周围的人说"悄悄话"、开玩笑、发短信、看报纸、听音乐、打瞌睡等。

（7）发言简短。若教师有幸在庆典中发言应做到：

①上下场时要镇定自如。

②礼貌发言。发言开始时，应问好；提及感谢对象时，应目视对方；表示感谢时，应鞠躬行礼；讲话结束，应表示感谢。

③规定的时间内结束发言，而且宁短勿长，不要随意发挥，信口开河。

④慎用手势。含义不明的手势，在发言时坚决不用。

二、升旗

国旗是一个国家的象征，升降国旗是对青少年爱国主义教育的一种方式。无论中小学还是大学，都要定期举行升国旗的仪式。升旗时，全体学生应列队整齐排列，面向国旗，肃立致敬。学校里的升国旗仪式一般在每周星期一举行（假期及天气不好除外），重大节日时也应举行。举行仪式时，在校师生都应参加。学生一般以班级为单位，列队集合在操场，面向国旗，肃立致敬。教师列队在操场的一侧。

1. 升旗礼仪的程序

（1）出旗（旗手持旗，护旗在旗手两侧，齐步走向旗杆，全体师生立正站立）；

（2）升旗（奏国歌，师生行注目礼）；

(3)唱国歌;

(4)国旗下讲话(由校领导、教师、学生或先进人物等作简短有意义的讲话)。

2. 升、降国旗的礼仪要求

(1)升旗是一项严肃、庄重的活动,全场一定要保持安静,切忌自由走动、嘻嘻哈哈或东张西望。

(2)每个人的神态要庄严,当五星红旗冉冉升起时,所有在场的人都要立正、脱帽、行注目礼(即抬头注视国旗),并且认认真真、表情庄严肃穆地和大家一起唱国歌,直至升旗完毕。

(3)降旗一般在傍晚静校时举行,不再举行仪式,由旗手和护旗直接将旗降下来,降旗时态度要认真恭敬,将旗仔细卷好,交给负责保管的老师。不可将国旗弄脏、弄皱。

(4)如果在校外遇到升旗和奏国歌时,也应立即肃立行注目礼,待升旗完毕后再继续行走。

三、表彰会

表彰会是学校或某组织、团体对其内部人员在某方面的突出成绩进行表彰的会议。

1. 表彰会的程序与内容

(1)宣布会议开始:升国旗、奏国歌;

(2)对某项成绩进行回顾和总结;

(3)表彰有突出成绩的人员;

(4)表彰颁奖;

(5)请获奖人员代表讲话;

(6)校领导讲话;

(7)文艺演出或放电影;

(8)宣布会议结束。

2. 表彰会的礼仪规则

(1)出席表彰会时应当严格遵守会议纪律。

(2)参加表彰会要规范着装。

(3)严守时间。提前5—10分钟到达会场,严格、自觉地遵守有关会议时间的具体规定。服从会议组织人员的安排,讲究礼节。

(4)维护秩序。会议举行期间,按要求就座,姿态端正,不要交头接耳,不要擅自离席。当听众鼓掌时,也要微笑鼓掌。

(5)规范发言。会议上有发言任务的教师,仪态要落落大方,掌握好语速、音量。注意观众反应,当会场中人声渐大时,则标志着你该压缩内容,尽快结束了。发言完毕应向全体与会者表示感谢。

(6)专心听讲。教师应认真而专注地听取一切发言。即使对发言人不满,也不可鼓倒掌、喧哗起哄,这些行为极其失礼。

(7)遵守规定。对有关禁止录音、录像、拍照、吸烟以及使用移动电话等的会议的具体规定,应认真予以遵守。

(8)保持安静。会场的安静,是会议顺利进行的基本条件。除正常的发言鼓掌外,严禁出现任何噪音。

行政会礼仪

学校行政会议由学校校长召集并主持,是为保证学校行政领导决策的科学化、规范化、民主化,不断提高工作效率,充分行使学校行政指挥权,加强学校行政管理工作的会议。原则上每星期召开一次,校务会是学校讨论计划安排,教学成果,评优晋级,任命处分,财务收支,群众关心的焦点、热点问题的会议。行政会议成员应保守学校有关秘密,行政会上涉及到的问题,凡需要保密的,任何人不得向外泄露。

一、开会应有的态度

开会之前针对主题提出自己的见解。参与会议的每个人都要提出具有建设性的意见,最好能够在开会之前针对主题把自己的见解整理出来,做到胸有成竹。需要注意的是要在适当的时候、以适当的方式贡献自己的创意。比如,轮到自己发言时,直接、正面地提出自己的看法;从别人的观点引申,提出自己的看法;综合多个人的观点,提出自己的看法;同意他人的观点;针对别人的观点,提出不同的意见;以设问的形式,提出自己的看法等。

对出席者一视同仁。对出席会议的其他与会者应该一视同仁,不要因为你与他有私怨,就将他所提的意见一概否决。开会的目的在于集思广益、共同解决问题,而不是制造问题。因此,与会者要彼此尊重,公私分明,绝对不要存有个人私心。要对出席者一视同仁,这样才能达到开会的目的。

不受利害及感情影响。除了明确自己的责任以外,保持一个良好的心态对与会者来说也同样重要。所谓良好的心态,主要就是开放的心态。以开放的心态参加会议,就会减少一些抱怨和摩擦,就会增多收获。反之,如果带着抵触情绪来参加会议,那么,参加会议就会成为一种痛苦。所以,参加会议要不受利害及感情影响。

对事不对人,不因个人喜好而区别对待他人。参加会议还要做到对事不对人,要能容纳其他与会者的意见,而且要认真考虑他人的意见。这就需要与会者有一个宽广的胸怀,时时抱着这样的信念:参加的会议必然对我有用;即使会议比较烦人,但既来之,则安之;不要把对某人的好恶带人会议讨论中来,不要因为个人的喜好而区别对待他人;在会上应做到就事论事,不要牵扯其他;适当地发表自己的观点。

服从众人决议。开会时,如果大家一致表决通过了某项决议,在一般情况下,即使你还有反对意见,也只能私下保留,在会议中一定要服从众人的决议。如果你一再坚持己见,力图推翻会议的决定,那么你一定会引起其他与会者的不满。会议强调的正是集体的力量,奉行的是少数服从多数的原则,这一点每位与会者都要谨记于心。

通力合作,以期在短时间内完成工作。当你的意见不被采纳时,千万不要意气用事,不要抱着"反正我的意见你们都不采纳,随你们吧。"的心态。这种做法不但不利于会议的顺利进行,而且也不利于你的个人发展。通力合作,以期在短时间之内圆满完成工作,这是会议的一个精髓所在。所以,当你的意见被否定时,你要多检讨自身,主动向大家靠拢,探讨一下自己意见的缺失在哪里,这样才能和大家一起尽快尽好地完成工作。

二、与会者的礼节

1. 尊重会议的整体功能

出席者应该尊重会议的整体功能。在会议中,任何与议题有关的问题都可以当众提出,但是最好不要论及与会议议程无关的话题。因为这些话题的出现会误导会议的方向,影响会议的正常进行,还可能导致会议决议无法按时达成。

另外,还要切记会议是为了沟通、交流和求同存异,如果出现了不文明的行为,对参与会议的每个人来说都是羞耻之事,应该极力避免。

2. 遵守会议规定

开会时无论是发言还是其他行动都要严格遵守会议规定。比如,会议还没有进行到第二项议程的讨论,你就不可以擅自举手发言,说你觉得第二条怎么怎么样,这种行为明显违背了会议议程的规定。

所谓欲速则不达,其实按照顺序行事的效率是最高的,这样可以在最短的时间内解决问题。所以,一定要认真遵守会议的规定。

3. 出席者彼此尊重

出席会议者要相互尊重,不要在会议进行中看会议以外的资料,更不可以将自己工作内没完成的部分拿到会议中继续进行。要保证在你的桌面上只能有与议程有关的参考资料,其他的都不应该带进去,这是对其他与会者的一种尊重。

4. 关掉所有通讯设备

在参加会议时,要关掉所有的通讯设备。可以带电脑进入会议室,但是电脑中的内容必须要跟会议有关,绝对不允许带电脑进去上网聊天或者打游戏。试想如果所有与会者的手机都开着,凡是用电脑的人都在打游戏、聊天,会议的严肃性何在?会议本身的意义何在?主席的威严何在?

5. 发言要征得主席许可

开会发言是与会者的义务之一,但是在履行这项义务时要注意按章行事。当你要发言时,请你举手示意,先征得会议主席的许可,然后再发言。会议主席是会议的主持和管理者,整个会议的议程均在他的调控之中。充分尊重会议主席,与其先作好沟通,非常有利于会议的顺利进行。

6. 不要随便离席走动或打电话

所谓"既来之,则安之",一旦会议正式开始,与会者就不能随便离席,即使你对会议的议题毫无兴趣,也要耐着性子认真开会。在会议中随便离席走动或打电话,很容易扰乱会场的秩序,也会分散会议主席的注意力,所以,这些行为是严格禁止的。认真参与会议,不乱走乱动是与会者素质的一种体现,它可以充分反映出与会者对会议以及其他与会者的尊重。

152

7. 不要随便打断别人讲话

一些与会者在没有理解发言者意思或者不等发言者说完一个问题，就频频提问，打断别人的讲话。这种行为经常会将发言人和会议主席置于十分尴尬的境地。一方面，出于礼貌和碍于情面，发言人不得不中断谈话，回答这些直率的提问，有时还得再一次重复自己的观点；另一方面，这样的做法会将会议拖入不断重复的境地，而使会议的目标无法完成。

克服频频发问的倾向很简单，即一方面要注意倾听，不要由于自己的原因而造成听不清发言，另一方面即使有不太清楚的地方，可以先记录下来以便会后了解，或者抓住重点在发言者的讲话告一段落时再进行提问。

三、质询的礼节

不要同时提出两个以上的问题。一对一的提问方式既可以表现出你对对方以及问题本身的尊重，也是一种有礼貌的表现。质询要在两分钟内说完，从而空出更多的时间让被提问者回答，不要重复提出同样的质询。

勿大声、无理地问话或坚持己见，少数服从多数是会议规则中的一条，若你的意见与绝大多数人的想法相左，你就要试着去接受大家的意见，而不是坚持己见。

四、班主任会礼仪

班主任会应在轻松自如的环境中，或在希望人们能畅怀交谈的环境中召开，对穿着和举止的要求相对较少，而更多地要有个人的风格和对别人意见无私的考虑。在这种场合，您的表现必须坦率开朗、受人欢迎。

(1)班主任教师在会上应畅所欲言，互励互勉。

(2)班主任教师在会上，尽可能提炼经验教训，以提高自己分析问题和解决问题的能力。

(3)不要穿看上去夸张和令人分心的装束，如围着一条长披肩，或经常需要用手梳弄你总是垂到脸上的头发等，这样会分散听众们的注意力。

(4)保持正确的坐姿。

(5)认真倾听每位发言者的讲话。

(6)认真记录，以增强别人阐述意见的勇气。

(7)善于提出自己的观点。

研讨活动礼仪

一、教研活动礼仪

（1）教研组长负责制定活动计划，安排活动内容，召集并主持活动，做好活动考勤记录，并及时向教务处汇报活动情况。

（2）每周集中活动一次，教研组集中活动的内容和形式不做统一要求，但必须与学科教学工作有密切关联，对本学科教学工作有积极的促进作用。

（3）本组的教师必须参加研讨活动，并做好活动记录。

（4）发言时的手势、身体姿势、声音，要优雅得体。不要摆出双手紧握或双臂交叉胸前的防卫姿势。

（5）不要摆出说教式的发言动作，这样可以使自己得到听众的信任；不要指指点点、交叉握双手、手指撑出一个高塔形状的动作，这些动作是骄傲自大的表现。

（6）发言时要面带微笑。无论你讲的主题多么严肃，偶尔的微笑，能帮助您赢得更多的支持。

（7）善于用眼睛不时、有意地环视会场上的每个人，不要鄙视那些诋毁者的眼光。

（8）使用一种低沉而有节奏的语调，这样可以使您的声音更具有说服力。

二、研讨会礼仪

研讨会是特定的机构、机关或其他组织针对特定问题，用科学的方法互相沟通交流，共同探求事物本质规律的一种会议形式。

（1）研讨会的礼仪性准备。安排或准备研讨会时，应当注重自己的仪表，布置好研讨的场所，安排好研讨的座次，并且以此来显示对于研讨的郑重其事和对于研讨对象的尊重。

（2）研讨会的座次安排。恰如其分地运用礼仪，可以赢得信赖，并获得理解、尊重。在研讨会上，不仅应当布置好研讨场所的环境，预备好相关的用品,而且应当重视礼仪性的座次安排。举行研讨会时,为了避免失礼,一般要以圆桌或椭圆桌为研讨桌来举行。这样可以活跃气氛,淡化尊卑。

(3)研讨者在研讨会的整个进程中,时时、处处、事事者要表现得真诚、谦虚。

(4)研讨会参加者应衣着整洁,仪表大方。

(5)准时入场,进出有序,依会议安排落座;开会时应认真听讲,不要私下小声说话或交头接耳;发言人发言结束时,应鼓掌致意;中途退场应轻手轻脚,不影响他人。

(6)如果长时间离开或提前退场,应与会议组织者打招呼,说明理由,征得同意后再离开。

(7)在讨论过程中,不要保持沉默,这会让人感到你的冷漠。

(8)开会时要尊重会议主持人和发言人。当别人讲话时,应认真倾听,可以准备纸笔记录与自己工作相关的内容或要求。

(9)想要发言时应先在心里有个准备,用手或目光向主持人示意或直接提出要求。发言应简明、清楚、有条理,实事求是。

(10)会议上有发言任务的人,仪态要落落大方,掌握好语速、音量。注意观众反应,当会场中人声渐大时,则标志着您该压缩内容,尽快结束了。发言完毕应向全体与会者表示感谢。

(11)发言时应口齿清晰,讲究逻辑,简明扼要。如果是书面发言,要时常抬头扫视一下会场,不能低头读稿、旁若无人。发言完毕,应对听众的倾听表示谢意。

(12)自由发言则较随意,应要注意,发言应讲究顺序和秩序,不能争抢发言;发言应简短,观点应明确;与他人有分歧,应以理服人,态度平和,听从主持人的指挥,不能只顾自己。

(13)如果有会议参加者对发言人提问,应礼貌作答,对不能回答的问题,应机智而礼貌地说明理由,对提问人的批评和意见应认真听取,即使提问者的批评是错误的,也不应失态。

(14)当你正在出席会议时,接收手机电话肯定是会让他人反感的,同时你也不想让你的谈话被人听到。如果真碰到了什么急事,你最好是能及时挂断电话,调成振动避免铃声再次响起,然后安静迅速地离开会场回复电话。

(15)一般来说,不少人反对在会议中使用移动电话。在会议中和别人洽谈的时候,最好的方式是把手机关掉,或者调到振动状态。这样既显示出对别人的尊重,又不会打断正在发言者的思路。

(16)当他人发言时,不允许心不在焉,更不得公然忙于他事。

(17)当自己听取他人发言时,除适当地进行笔记外,应注视对方,并在必要时以点头、微笑或掌声表达对对方的支持之意。

(18)在仪表上,要有严格的要求。如男士不准蓬头垢面,不准留胡子或留大鬓角。女士应选择端庄、素雅的发型,化淡妆。摩登或超前的发型、染彩色头发、化艳妆或使用香气浓烈的化妆品,都不可以。

(19)应该穿着正统、简约、高雅、规范的最正式的礼仪服装。男士应穿深色正装西服和白衬衫、打素色或条纹式领带、配深色袜子和黑色系带皮鞋。女士要穿深色西装套裙和白衬衫,配肉色长统或连裤式丝袜和黑色高跟、半高跟皮鞋。

舞会礼仪

在各式各样的社交性聚会中,最有号召力、最受欢迎的是舞会。舞会也是学校为了庆祝校庆等喜庆活动和欢迎来宾的公共关系手段。从礼仪规范方面来讲,舞会的成败不外乎取决于两个方面:聚会前的组织准备工作,聚会时的舞者素质。如今,舞会既已成为现代大众娱乐的主要形式,其类型也是五花八门,多种多样,十分灵活。

作为舞者个体的教师,参加舞会之际,依礼必须先进行必要的、合乎惯例的个人形象修饰。

一、舞前准备

在仪容方面,有条件的人都要根据个人的情况,进行适度的化妆。男士化妆的重点通常是美发、护肤和祛味。女士化妆的重点则主要是美容和美发。应邀者热天参加舞会前要洗澡,以免汗气熏人,让对方不快。男女上舞场最好往身上洒点香水。参加舞会前饮食要合理,过饥、过饱都是不适宜的。不要饮酒和吃葱蒜之类的食物,以免产生异味影响对方。应事先刷牙漱口,清除口中的异味,必要时可准备一些口香糖之类的食品。可以穿格调高雅的礼服、时装、民族服装,衣着可华贵些,可以佩戴饰物,但要注意得体。男士可着其他礼服。女士服装忌讳过露、过透、过短、过小、过紧。

二、邀请舞伴礼仪

待舞曲响起时,应主动邀请舞伴,相伴而舞。通常由男士去邀请女士,不过女士可以拒绝。此外,女士亦可邀请男士,然而男士却不能拒绝。在较为正式的舞会上,尤其是在涉外舞会上,同性之人切勿相邀共舞。根据惯例,在舞会上一对舞伴只宜共舞一支曲予。接下来,需要通过交换舞伴去扩大自己的交际面。舞会上的第一支舞曲,一般讲究男士要去邀请与自己一同前来的女士共舞。如有必要,他们二人还可以在演奏舞会的结束曲时再同跳一次,男子应避免全场只同一位女子共舞。

邀请舞伴,可先向被邀请者的同伴含笑致意,然后再彬彬有礼地询问被邀请者:"能否有幸请您跳一次舞?"如果自觉直接相邀不便,或者把握不是很大时,可以托请与彼此双方相熟的人士代为引见介绍,牵线搭桥。

在舞会自行选择舞伴时,亦有规范可循。最好先适应一下四周的气氛,进行一下细心的观察。一般说起来,最理智的选择是要注意选择:年龄相仿之人;身高相当之人;气质相同之人;舞技相近之人;无人邀请之人;未带舞伴之人;希望结识之人。

就主人方面而言,自舞会上的第二支舞曲开始,男主人应当前去邀请男主宾的女伴跳舞,而男主宾则应回请女主人共舞。接下来,男主人还须依次邀请在礼宾序列上排位第二、第三……的男士的女伴各跳一支舞曲。

女方不应无故拒绝男子邀请。拒绝他人时,语言不宜僵硬、粗鲁。通常,拒绝别人应在说明原因时使用委婉、暗示的托词。例如"已经有人邀请我了"、"我累了,需要单独休息一会儿"、"我不会跳这种舞"。需要注意,一旦已辞谢邀请后,一曲未终,不要再与别的男子共舞。

三、共舞礼仪

在舞场上跳舞时,按规范,步入舞池时,须女先男后,由女士选择跳舞的具体方位。而在跳舞的具体过程中进行合作时,则应由男士带领在先,女士配合于后。

每个人在跳舞之时,舞姿均应符合文明规范,身体都应保持平衡,步法切勿零碎、杂乱。在舞场上跳舞时,除交谈之外,在跳舞时切勿长时间地紧盯着舞伴的双眼。万一碰到了双方身体的其他部位,应立即为自己的不慎向对方说一声"对不起"。

一般自己不熟悉的舞步,不要下场。

跳舞时所有人的行进方向,都必须按照逆时针方向进行,惟有如此,方能确保舞池的正常秩序,不至于发生跳舞者互相碰撞拥挤的状况。

有乐队伴奏时,一曲舞毕,跳舞者应首先面向乐队立正鼓掌,以示感激。此后,方可离去。在一般情况下,男士应当将自己所请的女士送回其原来的休息之处,道谢告别之后,才能再去邀请其他女士。

跳舞时不可以吸烟,不得大声喧哗,更不能戴口罩。要遵守舞会秩序。

与互不相识的舞伴跳舞时,可略作交谈。其内容以称道对方的舞技、表扬乐队的演奏等为佳。有时,也可以进行简短的自我介绍。不要在跳舞时伺机向对方提出单独约会的请求,表白"一见钟情"的爱慕之意。

当音乐停止,主持人宣布本次舞会结束时,要听从安排,按时结束,不能因为自己没有跳够而迟迟不愿退场,也不能急匆匆地抢在别人前面离去。应该向主人道别后,将衣帽穿戴整齐,然后退出舞场。

第九章

教师外事礼仪

教师出行礼仪

近年来,我国在国际上的地位不断提高,来我国访问的外国客人及出国参观、考察、学习的教师也越来越多。因此,教师应当熟悉外事礼仪并按照国际惯例和我国优良的礼仪传统进行外事交往,倘若稍有不足之处,就有可能产生连锁反应,影响整个活动的顺利进行。

随着人民生活水平的提高,乘坐车、船、飞机的机会越来越多,在外事活动中,教师乘坐车、船、飞机也应当注意礼仪,才能全面体现教师的风采。

一、乘车的礼仪

乘车应遵循女士、客人、长者、身份高者为尊的原则。通常,将车开到客人(尊者等)跟前,帮助客人打开右侧车门,以手遮挡着上门框,站在客人身后请客人上车。客人从右侧门上车,主人绕到左侧门上车,避免从客人座前穿过。遇客人先上车,坐到了主人的位置上,则不必请客人挪动位置。

1. 小轿车座位排序

以后排右侧位为尊位,左侧次之,中间座位再次之,前座右侧殿后,前排中间为末席。如由主人亲自驾驶,或者乘坐吉普车,以驾驶员右侧为尊位,后排右侧次之,左侧再次之,而后排中间座为末席。

2. 大轿车座位排序

大轿车各排的尊卑是司机座后第一排为尊,越往后越小。座位的尊卑排序:站在车内,面向前方时,每排从右往左尊卑次序递减。乘坐大轿车与乘坐小轿车在进入轿车时的礼宾程序相对反,乘坐小车是尊者,即女士、身份高者先进车厢,男士、身份低者后进。但是乘坐大轿车时礼宾程序要求男士、身份低者先进,坐在后面的位置;尊者,即女士、身份高者等后进车厢,后上车,最重要的客人最后上车,由工作人员、导游关好车门。

3. 乘坐公共交通车的礼仪

教师乘坐公共交通车时,应当自觉遵守乘车管理规定,维护乘车秩序,举止文明,相互礼让。

要注意在规定地点候车,按顺序乘车,不强行上下。乘车及时购票,主动出示车月票,接受查验。

不携带危险品、有碍乘客安全的物品和动物乘车。

保持站内、车内环境卫生，不喧哗，不吸烟，不随地吐痰，不乱扔废弃物。

爱护车站、车内设施，不蹬踏座椅，不乱写乱画，不损坏公物。

照顾老幼病残孕乘客，主动让座，不赤膊乘车，雨天乘车脱掉雨衣。

协助乘务人员维护站内、车内治安秩序，与危害社会治安的行为作斗争。

二、乘客轮的礼仪

（1）客轮的舱位是分等级的。我国的客轮舱位一般分特等舱、一等舱、二等舱、三等舱、四等舱、五等舱等几种。客轮实行提前售票，每人一个铺位，游船也实行对号入座。船上的扶梯较陡，上、下船大家应互相谦让，注意安全。

（2）乘客轮时要注意安全，风浪大时要防止摔倒；到甲板上要小心；带孩子的乘客要看住自己的孩子；吸烟的乘客要避免火灾。

（3）船上的服务设施齐全，可以邀请其他乘客一起娱乐，但是一定要两厢情愿，不可强求。若房中其他乘客出门，也不要好奇去翻动同房乘客的物品。

（4）乘船时要注意小节。如不要在船上四处追逐；不要在甲板上将收录机放到很大音量；不要在客房大吵大嚷；晕船呕吐去卫生间；遇上景点拍照不要挤抢等。

（5）如乘高级客轮，在船上用餐时，晚餐须着礼服或深色西服，应避免穿短裤、拖鞋或泳装进餐。越洋巨轮等级分明。其餐厅、走廊及其他各种设施之使用均有规定，须注意遵守。

（6）乘坐江轮等普通轮船时注意有些乘客携带东西比较多，要注意不要挡住通道，晚上更不要在甲板或通道上睡觉。

特别提示：

（1）不要在船头挥动丝巾或晚上拿手电乱晃，以免被其他船只误认打旗语或灯光信号。

（2）要注意船上的忌讳，如不要谈及翻船、撞船之类的话题，不要在吃鱼时说"翻过来"或"翻了"、"沉了"之类的语言。

三、乘飞机的礼仪

由于乘坐飞机的特殊性，乘坐飞机的礼仪也比较特殊。

（1）乘飞机的时间要求和安全保卫比其他交通的要求要严格得多。首先，要提前一点儿到达机场，留有充分的办理登机牌和通过安全检查的时间，按照规定,国内乘机应当提前30分钟换取登机牌,如果你时间仅晚一秒钟,只要电脑关闭,就无法换登机牌登机。国际班机提前的时间会要求更多。

(2)尽可能将大件行李托运,避免上飞机时碰到别人。

(3)登机后尽快放好物品,不要在飞机通道占时间太多。

(4)尽快坐好,系好安全带,起飞与降落时关好移动电话、手提电脑、激光唱机、调频收音机等电子设备。飞机平稳飞行后可以使用手提电脑。全程均不可以使用手机。

(5)当空中小姐在为大家解说逃生方法时,要保持安静,不要喧哗。

(6)有困难可以按铃请空中小姐帮助,服务时要尊重空中小姐。

(7)要保持安静,不要高声谈笑。尤其是夜间飞行或身边有人休息时,以免影响其他乘客。

(8)使用盥洗室,要维护卫生,抓紧时间,不要让想使用盥洗室的人在外面苦等。

(9)在飞机场或候车室内都是不能脱鞋的;而在国际航班和火车上,可以脱下鞋充分地休息。脱鞋行为本身并不失礼,失礼之处往往在于因为脱鞋而"污染"空气。乘飞机应换上干净的鞋子和袜子。有汗脚的人最好自觉不脱鞋。

(10)飞机停妥后,等广播提示后再起立走动或拿取行李,以免摔落伤人,影响机上秩序。

三、乘飞机的禁忌:

(1)不得携带有碍飞行安全的物品。在乘坐飞机时通常都规定:任何乘客不得携带枪支弹药、管制刀具以及其他一切武器和凶器,不得携带易燃易爆、剧毒、放射性物质以及其他任何有碍航空安全的危险物品。

(2)不要吓唬别人。不宜谈论有关劫机、撞机、坠机一类的不幸事件;也不要对飞机的性能与信口开河,以免增加他人的心理压力,制造恐慌。

(3)带孩子的乘客应当避免小孩在机上嬉戏喧闹。

(4)不在非吸烟区及厕所内吸烟。

(5)不要在座位上随意摇晃,也不要把椅背调得太靠后,以免妨碍他人。

教师外事活动礼仪

一、迎送

教师在从事接待过程中,迎来送往绝不等于普通的迎送活动。本着

"知己知彼"的原则,从事迎送活动的教师有必要对有关事项掌握得详尽具体,细致入微。

1. 迎送规格礼仪

对迎送礼仪来说,最重要的一点就是确定相应的规格。一切有关的迎送活动都与规格大小有关。

迎送规格的确定并不是一成不变的,应根据当时环境情况,相应加以运用,有很大的主观性。通常分为以下三种迎送情况:隆重迎送;一般迎送;私人性质迎送。

2. 迎送程序礼仪

为了顺利地迎送客人,迎候人员应准确掌握外宾抵达时间,提前到达机场、码头或车站的站台,以示对来宾的尊重。

对于来宾,在迎送仪式上要安排献花。献花忌用菊花、杜鹃花、石竹花和一些黄色花朵。有的国家习惯送花环或一二枝名贵的兰花、玫瑰花等。但也要注意,有些国家在献花方面有某种禁忌。如有接待信仰伊斯兰教人士时,不宜由女子献花。

客人与迎接人员见面时,应相互介绍。被介绍者应微笑点头或者说声"您好"、"Hello"作为招呼语,千万不可面无表情,无所表示。在双方介绍人士时,遇到外宾主动与我方人员拥抱时,除女士之于男士或男士之于女士外,我方人员不应推卸或勉强应付,而应做出相应的表示。

通常迎候人员应陪同来宾一同前往住宿处。到达后,不要马上安排其他活动,要给外宾留下充足的洗澡、更衣、休息的时间。迎候人员可暂时离去,走前应告诉外宾下一步的活动计划,并求得其同意。应当为外宾留下主人的电话号码,以便为之提供及时帮助。

送别外宾亦应考虑周全,大体上要依照迎候的规格来确定送别的规格,主要迎候人应参加送别活动,送行人员可前往外宾住宿处,陪同外宾一同前往机场、码头或车站,也可直接前往机场、码头或车站恭候外宾,必要时可在贵宾室与外宾稍叙友谊,或举行专门的欢送仪式。

在外宾临上飞机、轮船或火车之前,送行人员应按一定顺序同外宾一一握手话别。飞机起飞或轮船、火车开动之后,送行人员应向外宾挥手致意。直至飞机、轮船或火车在视野里消失,送行人员方可离去。

163

二、陪同

外宾前往参观时，一般都有身份相应的人员陪同。

陪同人员必须做好充分准备工作，首先要了解和尊重各国的特殊习俗；然后要熟悉有关方针政策；熟悉参观的省、市概况；熟悉参观单位的主要情况和特点。

陪同人员应自始至终注意了解外宾的思想状况，把接待工作的全过程作为调查研究的过程，通过外宾的谈话、提问、要求、情绪等，掌握外宾的思想脉搏，同时，也可以有目的的向外宾提一些问题，了解对方情况，有针对性地多做工作和积累资料。

陪同人员穿着服饰要合适，要选择适当的称呼方式。在和外宾交流中，要做到不卑不亢，落落大方。

与外宾交谈要注意倾听对方讲话，态度自然和蔼，谦逊有礼；言谈要把握分寸，褒扬不过头，自谦要真实，谈话实事求是，有来有往，不自吹自擂，也不逼迫对方表态。

外宾不愿谈的事不要穷问不舍，自己不知道的事情也不要随便作答复。遇外宾不要妄加议论，评头品足、指手画脚，更不可向外宾索要东西。外宾出于友好给拍照，不要故意躲开，要稍整仪容，自然大方，如心中不愿，可婉言谢绝。发现外宾有不适当的行为应及时向外事部门反映，而不要自作主张处理。

为来宾安排、准备、选择交通工具时既要求舒适，也要求注意勤俭节省。有可能的话，在为来宾安排、准备、选择交通工具时，要优先考虑综合指标优、舒适程度高、服务质量好、社会声誉佳者。

住宿安排要根据客人的身份、人数、性别、年龄、身体状况、生活习惯和工作需要来酌情安排，选择宾馆要根据接待经费预算、宾馆实际接待能力、口碑与服务质量、周边环境、交通状况、安全条件等因素来考虑，基本生活需要如空调、热水、卫生间、电话、电视、娱乐、购物及办公、会议设施要符合要求。接待人员要让来宾产生"宾至如归"之感，体贴入微、善解人意，但要以不妨碍对方私生活为准、以不限制对方个人自由为限、以不影响对方休息为度。

关于饮食，应按外宾的习惯和爱好，尽量搞好。还应按外宾习惯，在房间内准备一些饮料、水果等，供其随时取用。

外宾来学校参观时，对学校介绍应简明扼要、实事求是；内容要真实、材料要丰富、形式要活泼多样,既不夸大成绩,也不掩饰不足。当客人主动与我方人员握手、攀谈时,可热情地做相应表示。

陪同参观人员不宜过多,同时应做好保卫工作。指定陪同人员不应半途离去或不辞而别。我方陪同人员应利用有益于对外宣传的事物,及时向客人介绍。

三、会晤

外事会晤多在会客厅或办公室内进行。宾主可分别各坐一边,也可交错而坐。

中国的会见座次是:主宾居中,主人居右,记录员和译员应坐于宾主后面。客方随员依礼宾次序在主宾一侧就座,主方随员依次在主人一侧就座。

在涉外交往中,话题的选择是很重要的。我们在选择话题时,要选择外宾喜闻乐道的。

同外宾交往要注意他们对某些话的忌讳。不要对来宾的个人私生活过分的关心和劝诫,不要随意评论别人,也不要谈论自己不熟悉的话题,如果外宾自己主动谈起我们不熟悉的话题应当洗耳恭听,必要时可以以实相告,虚心请教。

由于国情的不同和意识形态的差异,我们同外宾对一些问题的看法截然不同,对此应采取正确的态度。在涉外交往中我们不能对少数外国人的无理取闹曲意逢迎,百般讨好。对重大的国内外事件要事先统一口径,对于非原则性问题可以各抒己见。既不要主动要求外宾评论我国的内部事务,也不要对他人出于恶意的攻击诽谤听之任之。如果以暴露国家或单位的秘密来吸引外宾对谈话的兴趣,便是出格了,不便谈论的话题可以不谈或转移,但绝不能迎合他的无理话题。这是我们的基本立场。

四、餐饮

首先确定邀请的名义和对象,其主要依据是主、客双方的身份,也就是说主客身份应该对等。其次确定邀请范围,请哪些人士,请到哪一级别,请多少人,什么人作陪。第三是草拟具体邀请名单,被邀请人的姓名、职务、称呼以及对方是否有配偶都要准确。第四要确定宴请形式。宴请采取何种形式在很大程度上取决于当地的习惯做法。第五要选择宴请地点。

正式宴会一般均排席位,亦可只安排部分客人的席位,其他人只排桌次或自由入座。无论采取哪种做法，都要在入席前通知到每一个出席者，使大家心中有数，现场还要有人引导。

礼宾次序是排席位的主要依据。在排席位之前，要把确认出席该活动的主、客双方名单分别按礼宾次序开列出来。

饮食习俗在不同国家、不同地区、不同宗教信仰的地方差异极大，弄清一些国家的基本饮食习惯，对于顺利开展外事交往工作十分必要。

中式饭菜不仅是中国传统文化的一个重要组成部分，而且受到外国朋友的喜爱。在涉外交往中，请外宾吃中餐是常有的事。

定菜单时要在宴请外宾之前有所了解。在宴请多名外宾时，对每个人的个人禁忌和民族禁忌都要有所了解。例如，宴请西方人要回避 13 日，尤其是 13 日与星期五同一天。在斋月宴请穆斯林，宜在日落之后进行。此外，菜肴的选择应兼顾外宾的饮食特点，如美国人不吃羊肉和大蒜，俄罗斯人不吃海参、海蜇、墨鱼、木耳，英国人不吃狗肉和动物的头、爪，法国人不吃无鳞鱼，德国人不吃核桃，日本人不吃皮蛋。

主宾到达后，主人陪同主宾进入宴会厅，全体客人就座，宴会开始。如休息厅小，宴会规模大，也可以请主桌以外的客人先入座，贵宾席最后入座。吃完水果，主人与主宾起立，宴会即告结束。

主宾告辞，主人送至门口。主宾离去后，原迎宾人员按照顺序排列，与其他客人握别。

教师出入境礼仪

一、签证

依照国际惯例，各国公民在出国时，必须持有本国政府所颁发的护照。与此同时，还需要获得自己目的国所颁发的签证。这两个证明文件通常为每一名出国者所不可或缺的。

不论是取得本国护照，还是获得他国签证，出国者皆须经过一定的程序，并履行规定的手续。

护照是指一国政府依法颁发给本国公民出入本国国境和在国外旅行、居留所使用的合法身份证件和国籍证明，以便其持有者及时取得外国主管当局、本国外交代表机关以及领事机关的协助和保护。

外国政府除因司法、公共秩序等特殊原因外,不应扣留或没收他国公民的护照。

我国规定,中华人民共和国公民出国旅行或返回国内,必须持有有效的中国护照或护照代用证件。外事人员在其如访期间,切记不要使本人护照离身。

签证是指一个国家主管机关在本国或外国公民所持有的护照上签注、盖印,表示准其出入本国国境。持有有效护照的我国公民,不论因公或因私出国,除了前往同我国签订有互免签证协议的国家外,事先均须获得前往国家的签证。签证一般做在护照上,和护照同时使用。未建交国,通常将签证做在另纸上,称为另纸签证,与护照同时使用。

各国颁发护照和签证的机关对不同的签证规定不同的有效期限。签证的有效期不得超过护照的有效期。签证的有效期一般为 *1* 个月、*3* 个月、半年或 *1* 年以上,也有的签证有效期不足 *1* 个月;过境签证的有效期一般较短,大多在 *1* 周以内。持证人必须在签证规定的期间内入、出或过境,签证过期必须重新申办。

签证除了有一定的有效期限外,还规定有效次数。有的签证反一次有效,即这个签证使用一次后就失效,有的签证两次有效,有的签证多次有效。

在取得我公安机关核发的护照和出境登记卡后,你就可前往有关国家的驻华使、领馆办理入境签证。

如果教师是出国学习,一般需向外国驻华使领馆提供下列材料及有关证件:

一是因私出国出境者的护照及出境登记卡,申请人的学历证书及在校成绩单等;二是由外国有关机构发出的表格,经济担保书、银行存款证明或者外国有关机构提供的经济资助证明函件;三是申请人须填写非移民签证申请书、家庭成员登记表、留学生资料调查表,与本人护照一致的照片一张;四是体格健康检查表。

在备齐上述所有证件材料后,应按约定时间亲自去该国领事馆同领事面晤一次。届时领事将审阅有关证件,确定申请人能否取得留学签证。同时该国领事还将就申请人的外语水平是否能满足留学要求做出判断。申请人通常在短期内就会知道申请是否获签。签证所需时间大约是 *3* 到 *4* 周,申请人应尽早去领事馆面谈。

去外国驻华使领馆面试,一定要做到仪表端庄、衣着整齐、干净,头发洗理梳齐,胡须刮净修好,面试前不要吃有怪味的食品、饮料。言谈举止要彬彬有礼,自始至终都要十分注重礼节礼貌。

面试时切勿精神紧张,听不懂外文,可请求再说一遍,自己回答问题表达不清楚的,可请示允许再说一遍,切忌不懂装懂,回答问题牛头不对马嘴。应用充分的理由说明去该国的目的,并一定要说明学习期满你将按时回国。

在面谈前做好充分准备的申请人,获签率比较高。

二、出访

在外事访问中,每一位中国人既代表自己所在的单位,又代表自己的国家。有鉴于此,参与外事访问的有关人员必须对相关的礼仪规范有所了解。

在正式出访之前,需要以传真或电子函件的形式,将我方的出访通报给东道主。其内容应当包括:访问的性质与目的,访问的日期与停留的天数,抵离目的地的航班或车次,全部出访者的名单。按照国际惯例,出访者的正式名单,必须按礼宾序列进行排定。

要办妥护照与签证。在领取护照后,要认真查验其有无误差。在使用其间要注意其有效期,并严防丢失。

在一般情况下,出访之前,出访者可就某些重要的访问日程,提出自己的建议或要求。

在国际交往中,出访时来回乘坐的交通工具均应由出访者自行解决。在选择何种工具时,要以安全、省时、经济为要旨,并且选择合理而方便的具体时间、地点与路线。在一般情况下,要尽量避免在晚间,特别是后半夜抵达目的地。并且尽可能减少过晃停留的次数,以乘坐直达目的地的交通工具为佳。

要准备必要的卫生检验证明。

在国外期间尽量不要个人单独行动,尤其是不要前往不安全区域或是夜晚外出活动。

在出访期间,应对保密问题给予高度重视,严防泄密。

在出访之前,应集中一段时间,专门系统而认真地学习有关出访国的国情、习俗等方面的知识。此外还须进行必要的外事纪律和对外政策的教育。

不同的国家(地区)、民族,由于不同的历史、宗教等因素,各有特殊的风俗习惯和礼节,出访人员均应予以尊重。

出访者的形象代表着学校和国家的形象,举止应落落大方,端庄稳重,表情自然诚恳。站有站相,坐有坐相,谈话时,手势不要过多,不要用手或刀叉筷子指着对方的鼻子。在公共场合,不可大声喧哗,不可高声喊人,不可吵架,不可发脾气。不轻易打断别人谈话,当有关方面的工作人员或服务人员正在与别人说话时,无论自己的事情多么容易处理,也一定要等别人把事情处理完,再提出自己的问题。与外方交谈时,不要问其收入、年龄和婚姻状况等个人隐私问题。

在会场、课堂及约会客人出席音乐会等场合应着正装,男士一般应着西装、打领带、穿皮鞋(深色皮鞋不要穿浅色袜子);非正式场合(如参观、游览或旅行过程中)可着便装或根据主人的要求着装。任何服装均应注意清洁、整齐。衣领袖口要干净,皮鞋要擦亮。任何情况下不应穿短裤参加涉外活动。

在国(境)外公共场合用餐,应尽量保持就餐场所的安静。食用自助餐,应按需酌量取用,文明谦让,不要争先恐后,抢吃抢喝,不要将汤水、渣沫溅到他人身上;用餐力求不剩,更不要乱抛或带出餐厅。

参加招待会、酒会等活动时,在坚守对外交往原则的前提下,要多同外国人接触,热情相待,不要仅限于和中国人在一起交谈,更不能几个人将餐桌团团围住,一味吃喝、抽烟,贻笑于外人。

注意交通标识,不要长时间占用专用道路。

男士对同行的老人妇女应主动予以照顾,例如,主动帮助提拿较重物品,进出大门主动帮助老人妇女开门和关门,主动让老人妇女先行等。在公共场合,男士更应礼让老人和妇女。男士对初次见面的女士,不可主动要求握手;如握手,只轻轻一握即可,不要紧握不放。

出访团组在国(境)外原则上不赠送礼品。若赠送礼品,则礼品要用礼品纸包装好。在赠送礼品时可对所赠礼品作一些简要介绍和说明。由于西方人的习惯是当面打开包装,欣赏一下礼品,因此,务必要知道内装物品的名称,避免张冠李戴,造成尴尬局面。

对方回赠礼品时,应双手接过礼品并与对方握手,同时表示感谢。

三、出境

出入国境,尤其是因公出国出境,自然需要办理必要的手续,经过规定的申报审批程序。按照我国政府的现行规定,中国公民的出国出境通常被划分为因公和因私两大类。

（1）因公出境。办理因公出国出境的申报、审批手续时，主要应当遵守下述一般程序，并注意相关事项。

首先，必须办理因公出国任务批准文件。

出国派遣单位收到邀请信后（或根据已签订的协议、合同），根据出国团、组审批权限的规定，可按隶属关系向上级主管部门呈送出国任务请示，由该主管部门提出初步审核意见，然后再正式呈报有权审批出国任务的机关审核批准，并下达同意出国任务的批准文件。其简称一般为"出国任务批件"。

其次，必须办理因公出国人员批准文件。

派遣出国团、组的单位，在取得"出国任务批件"后，根据出国出境人员的具体职务，按管理领导干部的有关规定，应报请组织部门或人事部门对其进行例行的政治审查。当政审通过后，可下达同意某人出国的批件。其简称一般为"出国人员批件"。

最后，必须注意申报审批时的有关问题。要严格控制领导干部出国；要按照"少、小、精"的原则组团；要加强审批与管理的工作。

（2）因私出境。我国公民需要因私出国出境时，主要应当注意的问题：

首先，必须符合因私出国的条件。按照《中华人民共和国公民出境入境管理法》的规定，除不准出境者之外，都可获准离境。

其次，必须履行因私出国的手续。我国公民，凡需因私出国者，均须向本人户口所在地的市、县公安局出入境管理部门提出申请，回答有关的询问，并履行如下各项手续：

一是要交验户口簿或其他户籍证明、居民身份证和工作证。

二是要认真如实地填写中国公民出境申请表。

三是要递交所在工作单位或者所在居委会对申请人出国出境的意见。

四是要递交与出国出境事由有关的相应证明、证件。

三、入境

为了维护国家安全，目前世界各国都不允许外国人任意出入本国国境。即使本国公民需要出入国境时，通常也会受到一些限制。出入境检查，大致包括如下四种：

（1）边防检查。此项检查在许多国家均由移民局或外侨警察局负责，我国则由边防检查站负责。其主要内容为:填写出入境登记卡片、交验护照、检查签证等等。

入境时,旅客须交验入境卡与护照。有些国家不用填写入境卡,入境卡大都在飞机上发放,旅客应在飞机上提前填好。

(2)海关检查。按惯例,此项检查一般仅询问一下旅客有无需要申报的物品,或由旅客填写携带物品出入境的申报单。对于出入境物品,在一般情况下,烟、酒等物品限量放行;文物、武器、毒品、动植物、本地货币、涉密物品则为禁止出入境物品。

在正常情况下,各国海关对外国旅客或非本地居民的例行检查,一般采取下列四种形式:免验;口头申报;填写海关申报单;填写海关申报单,并进行开箱检查。

(3)安全检查。为防止有人秘密携带武器弹药武装劫持飞机或从事其他非法活动,目前世界上绝大多数机场在旅客上下飞机前后均对其进行安全检查。

进行安全检查的方式主要有搜身、使用磁性探测器、使用红外线透视仪、通过安全门以及开箱检查等几种。上述几种方式往往同时采用。

(4)卫生检疫。按照惯例,旅客在出入国境时,国境卫生检疫部门需要检查其预防接种证书,即所谓黄皮书。如发现出入境的旅客未进行必要的接种,则会对其采取隔离或强制接种措施。

我国卫生检疫部门根据旅客来自国家或地区的不同,决定是否对其实施检疫;对于我国旅客,则根据其前往的国家或地区,在其回国时,决定是否对其进行检疫。

入境时,我方人员需要注意的具体问题主要有以下六方面:

一是应尽量选乘与我国建交的国家的航班,在直接过境机场应尽量不下飞机,以免发生意外。必要时可在候机室内休息。

二是应尽量在飞机上填写好海关申报单或入境登记卡。

三是到达目的地后,应依照礼宾次序依次进入其边防检查处接受检查。

四是应妥善保管好本人护照与黄皮书。接受边防检查时,每人持自己的护照与黄皮书交验,亦可将有关证件集中交验。抵达住宿之处后,最好将全体人员的护照、黄皮书交付专人统一保管。

五是接受边防检查后,通常应去取回本人行李,然后再去海关办理有关手续。

六是人数较多的出访团、组,在全体人员入境后,应当整理好自己的队伍,清点好人数,然后有秩序地进行集体行动。若无特殊事由,出访人员在入境时切忌擅自离队或独自行动。

外事中悬挂国旗礼仪

在国际会议上,除会场悬挂与会国国旗外,各国政府代表团团长亦按会议组织者有关规定,在一些场所或在车辆上悬挂本国国旗。有些展览会、体育比赛等国际活动,也往往悬挂有关国家的国旗。在大型国际比赛中,还往往为获前三名的运动员升挂其代表国家的国旗。

外事活动中悬挂国旗的类型与方法有:

(1)在建筑物上,或室外悬挂国旗。一般应在日出升旗,日落降旗。降旗时,也应先将旗升至杆顶,然后再下降。

升降国旗时,服装要整齐,要立正脱帽行注目礼,有的国家还举行升降旗仪式,不能使用破损和污损的国旗。升国旗一定要升至杆顶。

(2)悬挂双方国旗,按照国际惯例,以右为上,左为下。但这是以旗面本身为准的,搞不好会弄错。所以还应记住以挂旗人为准,"面对墙壁左为上,右为下"。挂旗时,挂旗人必然面对墙壁,这时左为上,就挂客方国旗,右为下,挂主方国旗。乘车时应记住"面对车头左为上",左边挂客方国旗,右边挂主方国旗。所谓主客标准,不以在哪国举行活动为依据,而以活动举办的主人为依据。如外国代表团来访,东道国举办欢迎宴会,东道国是主人,答谢宴会,来访者是主人。也有个别国家,把本国国旗挂在上手位。

(3)国旗的图案。一些国家的国旗由于文字和图案的原因,不能竖挂和反挂。有的国家明确规定,竖挂时需另制国旗,将图案转正。例如朝鲜民主主义人民共和国国旗竖挂时,五角星的一个星尖应依然朝上。因此,正式场合悬挂国旗宜以正面(即面对墙壁旗杆套在左)。面向观众,不用反面。

(4)国旗尺寸。各国国旗图案、式样、颜色、比例均由本国宪法规定。不同国家的国旗有时长、宽比例是不同的,如果用同样尺寸制作,两面国旗放在一起,就会显得大小不一。如同样6尺宽的旗,三比二的旗就显得较二比一的旗大。因此,并排悬挂不同比例的国旗,应将其中一面略放大或缩小,以使旗的面积大致相同。

第十章

校园日常交往礼仪

教育工作就是在不断地与学生、与家长、与同事、与校长的交往中进行思想与文化的沟通与交流，因此，作为一名教师，不可以忽视校园交往礼仪。

教师与学生的交往礼仪

师生交往是校园中最基本的人际交往，正是在这一交往过程中，师生之间进行着思想的沟通和文化的交流。和谐的师生交往离不开教师良好的个人品德和礼仪修养。

一、教师与学生交往的礼仪原则

1. 热爱学生

热爱学生是教师职业的基本要求，也是教师与学生交往的礼仪之本。教师必须全身心地去热爱所有的学生。教师爱学生，能激起学生的上进心、自信心。教师真诚地爱学生，尊重学生，天长日久就会使他们内心感受到温暖，产生一种精神力量。这是促使学生前进的内部动力，是学生接受教育的前提。正如前苏联教育家捷尔任斯基所说："谁爱孩子，孩子就爱他。只有爱孩子的人，他才能教育孩子。"

（1）平等相待，尊重学生。

在人际交往过程中，每个人都希望得到他人的尊重。只有尊重的需要得到了满足，人际关系才可能和谐。因此，教师在与学生交往时，要尊重学生，尊重学生的自尊心，尊重学生的人格，尊重学生的个性，要把学生看作是与自己地位完全平等的人。

教师要平等地对待每一个学生。对不同相貌、不同性别、不同种族、不同籍贯、不同出身、不同智力、不同个性、不同关系的学生要一视同仁，不偏心、不偏爱、不偏袒、不歧视，正如苏霍姆林斯基所说："让每一个学生在学校里抬起头走路。"要尊重学生的人格，无论在何种情况下都不能用尖酸刻薄的语言讽刺、挖苦、嘲笑、打击学生，尤其不能体罚和变相体罚学生。教师要与学生建立起一种平等合作的关系,要经常与学生和学生集体平等交换意见,采纳他们合理的意见、建议和要求。

(2)倾注爱心,关注学生。

热爱学生是建立良好师生关系的关键,教师只有对学生倾注自己的爱心,才能赢得学生的依赖。进入学校以后,实际上学生自然地把爱的希望寄托在教师的身上,他们希望教师能够像父母一样关心、爱护自己。如果学生这种爱的需要得到了满足,他们就会对教师产生一种依恋,就会在内心深处产生一种与教师交往的需要,这样,学生就会把学习看成一种快乐,这时爱就成为了学生健康成长的动力。

教师在和学生交往的过程中要多展示笑脸,因为笑是构筑师生间心灵桥梁的基础,要让学生在轻松、愉快中与教师交流。

教师热爱学生,还必须关注学生,要对学生的发展充满期待。具体来说,教师要从以下几个方面对学生予以关注:①关注学生的潜能——通过积极评价,让每个学生深信不疑:自己具有一定的潜能,甚至是优秀的潜能,只要积极努力就能挖掘出自己的潜能。②关注弱势群体——弱势群体包括学习上的落伍者、智能上的滞后者、家庭条件上的困难者,一般表现在自信心较弱甚至缺乏自信心。教师在和学生交往时千万不能忽略他们的感受,更不能伤害他们。③关注"违规事件"——苏霍姆林斯基的《帕夫雷什中学》中有这样一个案例:初一女生季娜,她的祖母病得很重。季娜想给祖母采一朵鲜花,给她送去一些欢乐。但时临严冬,到哪儿找鲜花呢?学校的暖房有许多菊花,其中有一棵蓝色的全校师生最喜欢的"快乐之花"。季娜一心想着祖母,忘了学校的一切规定,就采下了一朵"快乐之花"。正在这时,一位最喜爱花卉的老师走进了暖房。他看见季娜手里的花,大吃一惊。但是,他注意到了季娜眼里那种无邪的、恳求的目光。问明情况后,老师感动地说:"季娜,你再采三朵花,一朵给你,另外两朵给你的父母,因为他们培养了一个善良的人。"我们可以体悟到这位教师是怎样处理这起"违规事件"的:移情、换位,跳出框框,超越常规,贴近学生心灵,走进学生内心,赞赏美好情感。④关注对学生的"无意伤害"——教师的"无意伤害"常常会推倒学生心灵中的全部美丽,抵消学生所受教育的总和。⑤关注教师自身的行为效应。多用"大拇指"赞许,不用"食指"指责;多用肯定的目光,不用无所谓的眼神;多与学生打成一片,不和学生"楚河汉界"……

175

2. 主动交往

教师要主动与学生交往,选择好的交往方式。

在师生交往中,学生常常喜欢主动亲近教师,与教师沟通。但教师却常常因为工作中的种种问题,在有意和无意中忽略了与学生的沟通和交流,因而在一定程度上造成了一种"课上忙学习,课下忙补课"的师生关系。长此下去,师生交往是很难发展的。所以说,教师必须重视与学生的主动交往,且教师在与学生交往时所采取的态度又是决定师生关系发展的关键。教师对学生的指导、帮助和尊重,会引发学生的尊敬、服从、信任等相应行为;对学生的攻击、拒绝、惩罚,会引起学生的拒绝、反抗和仇恨等相应行为;迎合、讨好和无原则退让,必然导致学生的不尊重和不服从的相应行为等。因此,教师从第一次与学生交往时就必须明确自己应该和学生建立什么样的相互行为模式,要求学生对自己抱有什么样的态度和采取什么样的行为。当学生的态度和行为不符合教师的愿望时,惟一的办法是教师主动改变自己对学生的态度和行为,这样,学生的态度和行为才会发生相应的改变。总之,学生对教师的态度和行为总是与教师对学生的态度和行为是相一致的。

3. 变换角色

教师角色与其他行业的人相比较有其特殊性,这主要表现在两方面。一是教师每天频繁接触、打交道的对象是一群心理尚不成熟且具有思想认识和主观能动性的孩子,二是教师担负着培养和教育学生的社会责任。因此,就职业的特点来说,对教师的角色意识提出了更高的要求。教师要充分认识这一特殊性,更好地完成教书育人的任务。具体地说,教师绝不能在学生出现不良行为时与不成熟的学生一般见识,也不能像对待成人那样正常地发火,而是要理智地控制情绪,客观地处理学生问题,帮助学生进步。要做学生的朋友,站在学生的角度去分析问题,寻找解决问题的办法。教师要时刻注意自己的言行举止,不断强化角色意识,优化教育行为。

4. 严爱结合

在和学生交往的过程中,教师对学生要做到严爱结合。一位班主任讲过这样一件事:在一次观摩中队会上,中队长由于紧张,把唱队歌这一重要议程丢掉了。当她意识到自己的失误后,高涨的情绪一下子低落了许多。

会后同学议论纷纷,她的压力很大,她在日记中写道:"老师,我没有完成好您交给的任务,您还会信任我吗?"知道了学生的想法,班主任一边找中队长谈心,夸奖她主持的队会很精彩,没因一点失误影响全过程,希望她要充满信心,勇于锻炼自己;一边教育全体学生,启发他们站在中队长的角度分析失误的原因和体会失误后的心情,引导学生学会理解与宽容。中队长再一次站起来向大家道歉,表示今后要认真细致地工作,弥补这次失误。此时,全班响起了一阵阵热烈的掌声。教师的工作不仅体现了对小干部的信任、培养和严格要求,同时也引导学生学会理解他人、尊重他人。

二、教师与学生的日常交往礼仪

1. 教师与学生日常交往的基本礼仪

交谈是师生双方沟通信息、交流思想、增进了解的重要手段和基本形式。经常性的交谈在师生交往过程中是必不可少的。教师在与学生交谈时要做到以下五个方面:

(1)耐心倾听,用心沟通。

教师在和学生交谈时不能只顾自己讲,要多给学生表达的机会,不要随意打断学生的谈话,要耐心倾听。倾听可以让学生感受到教师对他的关心与尊重,有利于赢得学生对教师的信任。与学生交谈时,教师不仅要用耳朵倾听,还要用眼睛"倾听",要让学生通过教师的眼睛了解到教师的关心、企盼、鼓励或不满,让教师从学生的眼睛里观察学生心灵的波动。只有引起共鸣,师生的交谈才是真正的沟通。

(2)和学生谈感兴趣的问题。

如果教师因为对学生感兴趣,而向他们提问题,他们会觉得很荣幸。因此,教师要多花点时间,和学生谈一些他们感兴趣的问题,从而增进彼此的了解。

(3)营造轻松愉快的谈话氛围。

教师在与学生交谈时,要为学生营造一种轻松愉快的谈话氛围,这样有利于消除学生的顾虑,有利于学生向教师敞开心扉。教师在与学生交谈时,尤其要注意说话的语音语调,因为语音语调往往比谈话内容更重要。教师讲话时千万不要太僵硬或者太正式,而要做到表情自然、温和礼貌,要多微笑。

（4）不以权威者自居，敢于说"对不起"。

教师与学生是平等的，教师需要学生的尊重，学生也需要教师的尊重。然而，受多年来师道尊严的影响，教师常以权威者自居，在对学问的探讨方面，在道德行为方面，当教师出现错误时，说一声"对不起"却成了难以启齿的事。这就容易导致学生对教师的不喜欢。

西方有句名言："我爱我师，我更爱真理。"这并不意味着西方人不尊重教师。一次，马尔堡大学著名的教授沃尔夫的得意门生罗蒙诺索夫给沃尔夫看了一篇化学论文，其中点名批判了沃尔夫，沃尔夫自豪地把文章推荐给《法国科学》杂志发表。他的这一做法赢得了所有学生的尊重和爱戴。在一所小学，一位教师给学生阅卷时错扣了三分。学生说："老师，您错了，应该向我道歉，品德课上老师这么说的。"片刻，这位教师笑着说："是老师疏忽了，对不起。"事后教师评价这位学生"是一位有道德勇气的学生"。试想，这位教师的学生会怎样评价他？真理面前人人平等，这也是一条真理。尤其是在新课程改革的新形势下，敢为真理说"对不起"的教师，永远受学生敬重。

（5）多多鼓励学生。

无论学生还是教师，都希望得到肯定的评价。教师在和学生交谈的时候，要多给学生鼓励。

有这样一个故事：一个女孩初学小提琴，琴声如锯木头，她只好躲在树林里学练。只有一个自称耳聋的老人一直在夸她看起来拉得"真不错"，直到她的琴声优美起来她才知道，这个老人是著名的器乐教授，而且耳朵从未聋过。

中小学生具有很强的可塑性，教师的鼓励往往会让学生相信自己的潜力，重新获得动力，创造出教育奇迹。然而，我们更多的却是给学生无情的定位，让学生在毫无希望中无奈地付出努力。在一项师德调查中，90%以上的学生不喜欢的教师是爱批评学生的老师。学生特别需要从成人那里获得对自己的认可、同情、支持、赞赏，从中增强对自己行为的确信感。

2. 教师与学生交往的礼仪禁忌

（1）忌冷漠无情。

教师常常被称为是人类最崇高的职业，因为他们担负着把人类创造的文明传授给新一代的神圣使命。学生在渴求知识的年龄，对教师的期望和信任,某种意义上不亚于对亲生父母,这就决定了师生之间的交往离不开情感。一个态度冷漠的教师无法让学生体会到情感的召唤,无法激起学生的爱戴、信任和期望。

(2)忌傲慢与粗暴。

教师更不能对学生傲慢和粗暴,这是缺乏修养的表现。傲慢的教师原本想显示自己的能耐,然而真正的能耐是由学生感受到的,而不是自己标榜和炫耀的。教师的粗暴也许能暂时镇服学生,但是这种方法永远不可能征服学生的心。退一步说,即便教师的粗暴里包含着让学生追求上进的良好愿望,也很可能被粗暴的教育管理方法给弄得面目全非。

(3)忌过分偏爱。

教师不应该对学生过分偏爱。十个指头不一般长,学生之间同样也存在着差异。让教师对学生完全一视同仁,是很难做到的,而且也是不现实和没必要的。但是,后进生也期待着教师的培养教育,正如再丑的孩子也离不开母亲的爱恋一样。优秀生固然是一朵花,后进生也并不就是豆腐渣,有很多后进生就是在逆境中奋起,取得了可喜的进步。教师如果过分偏爱优秀生,冷落后进生,就会大大伤害学生的自尊心,造成师生之间的隔阂与对立,有的学生则由此而更加自卑,进而影响学业以至人生的道路。

教师与教师的交往礼仪

人才的培养是一项系统工程,不是一两个人就能完成的。学校的教学活动及各项工作,都离不开每一个教师的密切配合。教师之间相处与交往的好坏直接影响学校的形象和学生的行为,也直接关系到教师自己工作、事业的进步与发展。因此教师间的相处与交往礼仪具有十分重要的意义。

一、教师与教师交往的礼仪原则

教师间的相处和交往是以相互平等、相互尊重为前提的。教师之间的相处和交往礼仪必须遵循以下原则:

1. 相互尊重,相互信任

相互尊重是形成良好人际关系的基础,尊重对于建立和谐的同事关系尤为重要。同事关系以共同的工作为基础，不同于一般的亲属关系，它不是以亲情为纽带的社会关系，亲人之间一时的失礼，可以用亲情来弥补，而同事之间的关系是以工作为纽带的，一旦失礼，创伤难以愈合。所以，处理好同事之间的关系，最重要的是尊重对方。

每个人都有"隐私"，隐私与个人的名誉密切相关，背后议论他人的隐私，会损害他人的名誉，引起双方关系的紧张甚至恶化，因而是一种不光彩的、有害的行为。因此，教师之间相处与交往绝对不议论同事的"隐私"，有利于相互信任、友好相处。

2. 关心同事，主动交往

希望得到别人的关心和注意是人的一种正常需要。当一个人感到周围的同事对他十分关心时，他心中会有一种温暖、安全的感觉，就会充满自信和快乐。"投我以木瓜，报之以琼琚"。自己既然受了别人的关心，他也同样会关心别人，这样，相互之间就容易有一种友好、亲密的关系。对待同事要主动、热情，当同事有求于自己时，只要是正当的，就要尽己所能满足对方的要求；当看到别人有困难时，要主动去帮助、关心和体贴。当然，真诚的关心必须是无私的，要尽可能避免给同事出难题。

人际关系是在"互动"中发生联系和变化的。交往水平高，人际关系就容易密切，反之亦然。因此，在紧张的工作生活之余，不妨主动地找同事谈心，讨论某些问题，交换一些意见，互相传递信息，这都可以加深对对方的了解和信任。

3. 真诚相待，互惠互利

所谓真诚，就是真实诚恳，不虚假。在与同事交往的过程中，真诚是最重要的。在同事面前应当神态自然，表里如一，切忌虚伪客套，言不由衷。真诚是做人之本、处事之根，它能消除同事之间的隔膜，为同事之间架起理解的桥梁。

互惠互利就是在人际交往中考虑到双方的共同价值和共同利益，满足共同的心理需要，彼此都能从交往中得到实惠。人际关系是在人与人的交往中形成的直接的心理关系，实际上也蕴含着一种价值关系，互惠互利也就必然成为调节人际关系的一个准则。同事之间要相互帮助，尽可能与人方便，千万不能因为一己私利，而影响了他人的利益。要知道与人方便，实际上也就是与己方便。

4. 严以律己,宽以待人

宽容是现代人应具有的性格特征,它表现为一个人对别人宽厚,有气量,能宽容异见。生活中充满了矛盾,同事之间难免有被人误解、被人嫉妒和被人背后议论之类疙疙瘩瘩的事情发生,我们必须宽容别人,礼让别人。

同事之间经常相处,一时的失误在所难免。如果出现失误,应主动向对方道歉,以求对方的谅解;对双方的误会应主动向对方说明,不可小肚鸡肠,耿耿于怀。

同事之间应该相互关心,相互帮助。对于同事的困难,应主动询问,并给予力所能及的帮助。这有助于增进同事之间的感情,使人际关系更加融洽。

5. 保持适当的人际交往距离

同事之间交往,应保持适当的距离,不宜过分深入对方私人生活,以致交往过密,超出一般同事关系。同事间的交往应该是一种刺猬式的交往。所谓刺猬式的交往,是美国精神分析医师布列克首创的为了形容现代人际关系的复杂与困难的用词:"两只刺猬在寒冷的季节互相接近以便取暖,但是如果过于接近,彼此会刺痛对方;若离得太远,又无法达到取暖的目的。因此它们总是保持有利于双方的距离,既不会刺痛对方,又可相互取暖。"这则寓言清楚地显示了人际关系的微妙之处。

就某种意义而言,大家在同一所学校里,可以说是同舟共济、甘苦与共,人人都能成为朋友,可以倾诉烦恼、互相帮助,更可借着良性竞争发挥彼此激励的效果。可是一旦深入私人领域,后果可能一发不可收拾,特别是在牵涉金钱或个人问题时,宜谨慎行事。因为今日的美好回忆,或许会成为明日的"把柄"。

古有明训:"君子之交淡如水。"这句话运用在同事间的人际关系上是最适合不过的了。因为学校毕竟是一个人员众多又具竞争性的组织,既然你不可能和每个人都结为知己,就只有和他们保持"泛泛之交",作友善而又不至于彼此伤害对方的往来,才是明智之举。

二、教师与教师交往的基本礼仪

1. 教师间工作交往的礼仪

（1）互帮互学。

工作和生活中，要尊敬和爱护比自己年长的同事。首先要虚心学习请教，甘当小学生。其次要帮助照顾年长或体弱的同事，对新同事多关心，帮助他们熟悉环境和工作，对其个人和生活问题也应尽量给予帮助。多看对方的长处，以彼长比己短。发现对方出现失误或错误时，应诚恳地指出，以便对方及时改正。如果任其向错误的方向发展，当问题积累到一定程度或产生严重后果时，很容易让对方产生一种落井下石的感觉。

（2）求同存异，切勿苛求。

人与人之间，兴趣、爱好、个性、生活习惯、为人处世，总是有差异的，在同事相处中应求同存异，不以自己的好恶为标准，苛求他人。否则，不仅会影响团结，而且会影响工作。

（3）相互合作，协同工作。

各门学科知识体系并不是完全孤立的，学生接受的也应该是全面的教育，因此各学科教师之间应该展开协作，共同进行教学活动。如数理化之间就有很多相通之处，教师不妨展开几次共同教学活动，学生们肯定会受益匪浅。长期以来，存在一种偏见，即认为"学好教理化，走遍天下都不怕"。教师、学生也习惯于将数学、物理、化学、语文、英语称为"主课"，而把政治、历史、地理、生物等称为"副课"，这实际上是一个误区，非常不利于对学生的教育。因此，教师之间不要以教"主课"或"副课"论高低。各科教师应该相互尊重，密切协同形成合力，共同搞好教学工作。

2. 教师间生活交往的礼仪

在工作之余，教师间的生活来往是必不可少的。在学校上班时间，一些不太熟悉的教师见了面往往会主动地相互打招呼，或点头，或微笑。随着共同工作时间的增长，各个教师在学校中建立了自己的交际圈，与一些教师的关系要比与其他一些教师的关系亲近。但是，人各有自己的脾性，上班期间的礼貌相处并不能代表工作之余能和谐相处。因此，教师在生活中与同事交往时，要采取一定的策略。

（1）相互尊重，真诚相待。

尊重是礼仪的核心。相互尊重是处理好同事关系的基础。在与同事交往的时候，首先要尊重他人的观点和看法，即使自己不能接受或明确同意，也不能当着他人的面指责对方是"瞎说"、"废话"、"胡说八道"等，而是陈述己见，分析事物，讲清道理。在与人交往时，不必强调个人特殊的一面，也不有意表现自己的优越感。其次要尊重别人的隐私。除非他人主动提及私人事宜，一般不要随意问一些不该问的问题。如果过于关注别人的私事，会被人认为没有修养，素质不高。同事之间相处要真诚相待，切不可当面一套，背后一套。彼此之间要相互信任，而不能互相猜疑。

（2）遵守诺言，关心他人。

同事间交往要以诚信为本。"言必信，行必果"。在预定到其他教师家拜访或在其他地点见面时，一定要准时到达。如果遇到突发事件不能准时到达，也应该尽可能告知，以免对方空等一场。答应别人的事，即使遇到困难也不能食言，自己作出的承诺要竭尽全力去实现。一言既出，驷马难追。对别人不讲信用，就会被看成是不值得信赖的人，以致在以后的交往中处于被动地位。

不论何时何地，都要对其他教师表示关心。人难免都会遇到困难，如果这时能伸出热情的双手，尽量予以同情和支持，帮助同事渡过难关，这无论对于个人修养的提高，还是对于创造良好的人际关系都大有裨益。

（3）亲兄弟，明算账。

同事交往难免会有经济往来，再要好的同事，毕竟不是一家人。俗语说："亲兄弟，明算账。"何况同事。要处理好同事关系，经济往来中一定要把账目弄清，向同事借款，应及时偿还以免遗忘。否则有意无意占了别人的便宜，就会在对方心中降低你的人格。如果所借钱物，一时难以还上，要签订书面字据，并每隔一段时间向对方说明一下，才能保持同事间的亲密关系。

（4）语言文明，注意分寸。

同事交往时要做到语言文明，谈话有节制，不能影响工作。谈话内容应有益无害，不涉及他人长短。有些教师之间或教师家庭内部存在着一些矛盾，在与同事谈话时，不能对这些事情捕风捉影，更不能添油加醋，妄加评论。不能口出污言秽语，更不能进行人身攻击。有些教师可能有生理缺陷或其他缺点，同事不能把这些当作谈资，更不能对同事的缺陷加以嘲讽。同事间如果出现分歧，应主动缓和争论或转移话题，不因闲谈伤了和气。不要喋喋不休向别人叙述自己的苦恼、牢骚，这样易让同事左右为难。谈话时，要有礼貌，专心听对方说，如无心闲谈，应向对方说明，不应左顾右盼或看表等。

3. 教师与教师交往的礼仪禁忌

在与其他教师谈话时，千万不要犯以下四点禁忌，否则不但不能与其他教师结成朋友，反而会招惹其他教师的厌烦，进而不利于自己的工作。

（1）忌喋喋不休、滔滔不绝。

许多人在与人交谈时，总将自己放在主要位置，自始至终一人独唱主角，喋喋不休地推销自己，滔滔不绝地诉说自己的故事。

（2）忌尖酸刻薄、烽烟四起。

言谈交际中有时免不了争辩，但善意、友好的争辩能促进彼此间的了解，活跃交际环境，起到调节气氛的作用。有时，一场精彩的争辩会令人荡气回肠，齐声喝彩，但是尖酸刻薄、烽烟四起的争辩会伤害人，导致心情不爽，望而生畏，敬而远之，因为尖刻容易树敌。只要想一想，如果你在言谈中出现四面楚歌、群起攻之的局面，自己的处境就可想而知了。

（3）忌逢人诉苦、博取同情。

在生活中，每个人都会遇到挫折和苦难，但每个人对待的方式不同。有的人迎难而上；有的人知难而退；有的人却将苦难带来的愁苦传染给别人，在众人面前条陈辛酸，以获同情。开始时，朋友也愿为之排忧解难，想一些法子，给其鼓气；但是每次相聚谈话都是如此，朋友们就会觉得他太没志气，简直就是一个"苦水瓶"，以后就会与其逐渐疏远。所以，交际中一味地诉苦会让别人觉得你没魄力、没能力，会失去别人对你的尊重。

（4）忌自以为是、到处逞能。

同事间谈话的内容往往涉及天文、地理、历史、哲学等古今中外、日月经天般的话题，如果你在交谈中自以为是，表现出"万事通"、"要大能"，到时定会搬起石头砸自己的脚。因为交谈是相互了解、相互交流的方式，而不是表现学识渊博、见识广泛的舞台。更何况老子曾说过："言者不知，知者不言。"交谈中什么都说的人其实不见得什么都知道，《两小儿辩目》的故事我们都知道，大教育家孔子都会在两个小顽童面前碰钉子，可见，人千万不要逞能。

教师与学生家长的交往礼仪

家庭是社会的细胞，是孩子健康成长的重要场所，家长则是孩子的第一任老师。孩子入学以后，他们的全部生活仍然与家庭保持着密切关系，家长的教育仍然具有十分重要的意义。教师要经常通过各种方式与学生家长相互联系，互通情况，与家长共同商讨教育学生的方法。教师只有与家长密切联系，促进家庭与学校之间的积极配合，形成教育学生的合力，才能更好的助于学生的发展。

一、教师与学生家长交往的礼仪原则

1. 尊重家长，平等相待

教师在与家长交往时，要尊重家长，不要摆出教训人的架势，教训家长像教训小学生一样，以免损害家长的自尊心。虽然教师与学生家长社会角色不同，特别是家长的社会角色更是各不相同，但在教师面前都是学生家长，任何一方都不能采取凌驾于对方之上的态度。教师和家长的地位是平等的。教师要把家长看作是"教育者"和"合作者"，而不要看成"对立者"。教师要谦虚谨慎，讲究礼貌，营造和谐气氛，这样才能缩短双方可能产生的距离，家长才会敞开心扉。

教师在与家长谈话时，不要采用命令、警告、责备、提意见和教训人的语气。教师应以热情、关心、委婉、含蓄的语气与家长谈话，这样才能奠定良好的合作基础。当然，在教师与家长交往中，并非都要迁就家长意见，如果发现家长有不正确的观点和行为，教师可以委婉地指出家长的不足。

2. 态度真诚，举止大方

教师和家长交往时态度要真诚，要常常微笑着同家长交谈。当家长自我介绍时，你应集中精力记住他的名字。在以后的交往中，你一见面就能叫出他的名字，家长就会觉得这个教师很热情，很有心。教师要真诚地对待家长的来访，在接待时要做到热情有节，先让座，再上茶。在交谈时，双方要互相正视、互相倾听，不能东张西望、看书看报、面带倦容、哈欠连天，否则会给人心不在焉、傲慢无理等不礼貌的印象。站时，身体不要东歪西靠，不要斜靠在桌面或椅背；坐时，姿势要端正，不要跷脚、摇腿，也不要显出散漫的样子，女教师不要支开双腿；走时，脚步要轻，如遇急事可加快脚步，但不要慌张奔跑等。

3. 正确评价学生

教师与学生家长接触，往往离不开评价学生。在家长面前评价学生，首先要了解学生家长所从事的职业、文化程度、性格特点、教育修养水平等，请家长谈学生在校外的表现，然后教师谈学生在校内的表现。这样彼此之间达到心理平衡，避免在与家长的交谈过程中，由于学生所出现的问题而造成教师和家长相互责备对方"没有教育好学生"的心理阻碍而搞僵关系。其次要树立正确的"学生观"，客观地、全面地评价学生，使学生家长感到学校教育的目的和任务是与自己的愿望相一致的，从而做到心理相容，共同教育学生。再次要讲究方式，切忌挫伤家长的自尊心。因为家长都有"望子成龙，望女成凤"的思想，"庄稼别人的好，孩子自己的好"，在他们心里，自己的孩子是不错的。如果教师在家长面前尽说学生这也不好那也不好，无药可救，把学生看扁了，将会严重地挫伤家长的自尊心，毕竟最差的学生也还有他的闪光之处。因此，教师在与家长交往的过程中，出于对学生的关心爱护，出于对学生的高度负责，一定要正确地评价学生，以达到与家长感情上的沟通，从而共同教育好学生，取得最佳的教育效果。

二、家访与家长会礼仪

家访和家长会是教师与家长沟通的最主要、最直接的方式，也是家长了解孩子在学校各方面表现的重要依据。

1. 家访和家长会的基本要求

（1）做好充分准备。

　　家访和家长会要达到什么目的？会出现什么问题？要先与配班教师商量，然后准备发言稿，打好腹稿甚至文字稿，千万不可在家长面前信马由缰、海阔天空地东拉西扯，也不能任由家长问到哪说到哪。家访和家长会上，教师一定是主角和主持人，要控制整个局面，达到预定的目的。个别家长的麻烦问题可以留待会后，整个家长会时间不能拖得太长。另外，要做好环境、资料等物质方面的准备。

　　（2）提前通知家长。

　　无论家访还是家长会，要提前通知家长并告知主要的目的，家长会的时间要选择多数家长有空的时候；家访则要与家长预约，不可勉强家长，那种"告诉你爸，今晚我要上你家"甚至"叫你妈明天来学校"等师霸作风是教师礼仪中的大忌。

　　（3）平等交流，友好协商。

　　大多数做教师的，好为人师是习惯；大多数做家长的，无论本人地位、文化高低，由于疼孩子的缘故，对教师都会恭敬三分。这使得有的教师丧失了自知之明，在家访和家长会上常以一种居高临下的态度对家长讲话甚至训话。其结果呢，大多是家长迁怒于孩子，因为孩子让自己丢了脸，开完会回家把孩子怒斥一顿甚至给两个耳刮子。有的认定孩子无过错的就迁怒于学校和教师："我的孩子交给你了，是你们不会教。"这客观上造成了一些孩子怕教师家访和开家长会，不少家长也怕开家长会，因为每一次家长会都会伤害一批家长的自尊。

　　因此，教师首先要明确家长会的目的，明确家长与教师的关系是一种平等的教育伙伴关系。无论家访还是家长会，教师在家长面前要亲切自然、温文尔雅，一切都要协商和讨论，因为教师的出发点是为了孩子好，和家长的出发点完全一致。只要教师和家长平等交流，友好协商，任何一位家长都是愿意和教师配合的。

　　2. 家访中的做客礼仪

　　家访中的做客礼仪是多方面的。

　　（1）衣帽整齐。夏天再热不能在学生家脱衣服；冬天进屋要脱帽和大衣，不要在学生家里说冷，好像批评环境不好似的。尽可能不在学生家使用卫生间。

　　（2）不要在学生家里东转西瞧，除非家长主动请你参观。但可以要求看看学生的房间以示关心并对学生作些了解。

（3）进门可简要说些寒暄性的话语，夸夸主人的房间布置、养的花草等等。无论学生家境贫富，教师要表现得不卑不亢，平和自然。不要说"唉呀，你们家真豪华"或"真想不到你们这么困难"。教师要让学生及家长知道，孩子无论聪明还是笨拙，在教师眼中都是可爱的孩子；父母无论显赫还是平庸，在教师面前都是普通的家长。

（4）对学生多表扬少批评，哪怕此行确因学生犯了大错要与其父母协商，也要先找一些优点做铺垫。交谈时学生最好在场。如果需要单独与父母交流，可以预先告诉父母，预设学生不在的环境下，不能硬行让学生回到自己房中去回避，那是对学生的不尊重。

（5）家访时间不宜过长，达到预期目的即告辞；如果与家长意见不一致，甚至家长态度不好，更不宜在学生家中僵持，要另找转弯机会。如："今天我们就谈到这里，大家都再想一想，下次再交流好吗？""这个问题我们有不同见解，我们可以放一段时间再解决。""无论怎样，我会对孩子负责，请你们再冷静思考一段时间。"教师如果与家长有了分歧，最是考验教师气度和修养的时候，千万不可与家长斗气，不可对学生耍脾气，不可在心里存小气（日后对学生报复）。

（6）不可借家访解决私事，例如请家长为自己帮忙。常理上来说，家长帮教师解决私人问题好像出于情谊，实际是教师以权谋私，因为教师与家长之间本质上是一种业务关系，除非该生已经毕业，家长此时还愿意与教师交往则已转化为朋友之情。许多教师不明白其中的道理，做了有损师德的事情还认为是天经地义。

3. 家访中的交谈礼仪

（1）因家庭类型而异，采取不同的交谈方式。

家访过程中，还要注意根据不同的家庭类型采取不同的交谈方式。

①对于有教养的家庭，尽可能将学生的表现如实向家长反映，主动请他们提出教育的措施，认真倾听他们的意见，充分肯定和采纳他们的合理化建议，并适时提出自己的看法，和学生家长一起，同心协力，共同做好对学生的教育工作。

②对于溺爱型的家庭，交谈时应先肯定学生的长处，对学生的良好表现予以真挚的赞赏和表扬，然后再适时指出学生的不足。要充分尊重

学生家长的感情，肯定家长热爱子女的正确性，使对方在心理上能接纳意见。同时，也要用恳切的语言指出溺爱对孩子成长的危害，耐心热情地帮助和说服家长采取正确的方式来教育子女，启发家长实事求是地反映学生的情况，而不要袒护自己的子女，因溺爱而隐瞒子女的过失。

③对于放任不管型的家庭，家访时要多报喜，少报忧，使学生家长认识到孩子的发展前途，激发家长对孩子的爱心与期望心理，改变对子女放任不管的态度，吸引他们主动参与对孩子的教育活动。同时，还要委婉地向家长指出放任不管对孩子的影响，使家长明白，孩子生长在一个缺乏爱心的家庭中是很痛苦的，从而增强家长对子女的关心程度，加强家长与子女间的感情，为学生的良好发展创造一个合适的环境。

（2）家访中的问话礼仪。

教师在与家长交谈时要善于发问，可以从家长熟悉而愿意回答的问题入手，边问边分析对方反应，再巧妙地引出正题。对性格直爽者，不妨开门见山；对脾气倔强者，要迂回曲折；对文化较低者，要问得通俗；对心有烦恼者，要体贴谅解，问得亲切。较重要的交谈，要想好顺序，先问什么，后问什么，最后问什么，总体上要问清哪些事，心中要有通盘考虑，力求取得发问的最佳效果。问答是双边活动，必须使对方乐于回答。问话后要察言观色，从对方表情中获得信息反馈。对方低头不语或答非所问，可能表示他不感兴趣或不能回答，就要换个提法再问；对方面露难色或有疲劳厌倦感，就不能穷追不舍，应适时停止。一般不要冒昧地问家长的工资收入、家庭财产、个人履历等问题。要恰当地使用表示尊重的敬语"请教"、"请问"、"请指点"等；要恰当使用表示谦恭的谦语"多谢您提醒"、"您的话使我茅塞顿开"、"给您添麻烦了"等。在对方答话离题太远时，还要用委婉语控制话题："请允许我打断一下……""这些事你说得很有意思，今后我还想请教，不过我仍希望再谈谈开头提的问题……"自然地把话题引过来。问话时不要板起面孔，"笑容是你的财产"，微笑着问话会使家长乐于回答。

4. 家长会礼仪

家长会作为教师和家长沟通的重要方式，是学校工作的重要组成部分。成功的家长会有助于在家庭和学校之间建立一种"理解、信任、目标一致"的合作关系。教师在开家长会时要做到以下几点：

（1）做好准备工作。

①确定主题。家长会要有明确的目的，要确定中心议题，不要大事小事不分主次。主题集中就容易解决问题；面面俱到，什么问题也解决不了。

②设计程序。在开家长会之前，教师要做到心中有数，想清楚家长"最想听什么"、"最想知道什么"以及家长发言的先后顺序等。

③做好欢迎家长的准备工作。教师可以在学年初就与家庭建立联系，比如可以先送一份备忘录或计划书，让家长大致了解他们的孩子将要学习的内容，并让家长知道教师很高兴能在该学期中见到他们及具体的联系方法。

在家长会之前要给家长发出正式的邀请，郑重地邀请他们参与孩子的教育。邀请函应该包括会议的日期、时间、地点和回执，回执上写上家长的姓名、学生的姓名以及他们能否参加的答复。

④布置好教室，营造一个宽松友好的环境。①保证黑板报或公告栏的内容是最新的，在黑板上写上欢迎的话语；②可以让学生在课桌上留下欢迎的字条给自己的家长，请家长坐在自己孩子的课桌旁；③要留一块地方展示学生的作品或作业。

⑤做好发言准备。开篇先致欢迎辞，然后介绍学校日常生活的概貌，包括管理方案、课外作业的办法、一年的学习计划等。感谢家长的参与，并让他们知道，他们可以就任何一个与孩子教育有关的问题与教师取得联系，提醒他们一有问题就及早联系，避免发展成大问题。最后以积极、关切的语气再次强调双方合作的重要性。教师还可以征询家长的意见，并乐于回答他们的问题，充分激发家长在教育合作中的主动性。

（2）准时开会，不拖拉。

会议的召开要准时，不拖拉，班主任一定要发言。班主任的发言，要充分体现对家长的尊重和对学生的热爱，以引发家长的共鸣。这样才能取得预期的效果。

（3）注意体态仪表与谈话技巧。

第一印象是建立于外形之上的。庄重、大方的着装会让家长对教师产生信任感。

语言要亲切、幽默、有趣、有活力且富于变化。语言亲切，表现出教师是一个像他们一样的普通人，可以缩短和家长的心理距离；语言有活力，表现出教师的信心和热情以及对自己责任的自豪，可以让家长知道他们的孩子是在一个负责任的好教师的班级里；语言幽默，可以让教师和家长双方都轻松一点，活跃气氛，但尽量不要开玩笑。讲话时要注意不时变化语调、语速、音高、停顿和频率，还要记住千万不要照本宣读稿子，这样做会使家长感到教师的真诚不够、信心不足，效果就会大打折扣。教师还可以在说话中穿插称呼家长的名字，使家长感到教师对他们很熟悉。

（4）保护家长自尊心。

开家长会前教师要针对自己的目的寻找好切入点，一方面要保护家长的自尊心，给家长一点颜面；另一方面又要让他们认识到自己教育的失败之处。不要批评学生，批评家长，形成两者对立的情绪。习惯的养成教育作为培养孩子的永恒话题谈起来会比较轻松。单独的见面交谈，比群体教育更能与家长亲近。尤其是新接手一批学生后第一学期的第一个月，应该依据学生开学以来暴露出来的问题，从第二个星期开始每周举行一次小型家长会，主要谈家庭教育。家长作为孩子第一监护人在培养孩子习惯方面起着不容忽视的作用，教师要指导家长根据教学需要对孩子进行引导与监护、鼓励与奖惩，帮助家长认识没有原则的溺爱是危险和可怕的；反之，不讲究思想方法的经常训斥和责打也不利于亲子感情的培养，努力提供给家长解决在教育孩子过程中遇到的棘手问题的方法。最后要把自己的联系电话交给家长，并说明自己不能天天一一电话沟通的原因，赢得家长的理解和支持，并提出电话来访和应注意的相关问题。

（5）向家长讨教成功的教育经验。

教师在家长会上要多给家长以发言的机会，千万不要忽视学生身上的闪光点，向学生家长讨教某些成功的教育经验，让家长感到教师是真正关爱自己的孩子，形成学生家长与教师之间的默契配合和友好互动，促成家长与家长之间互相交流经验、互相学习方法、互相肯定成绩，从而自我发现家庭教育的不足之处，及时改进。

（6）尽可能让学生参与家长会。

在条件许可的情况下，开家长会最好让学生和家长共同参与，以强化学生的学习责任感，让学生明确自己是学习的主人，教师和父母只是学习的引路者、督导者、协助者，从而尊重父母与教师的劳动，相互理解，自主学习。

（7）重视会后的反馈。

对家长会反馈的信息要及时分析、认真处理，有关意见的处理结果要尽可能反馈给家长，以增强家长对学校、教师的信任。

三、教师与家长的日常沟通礼仪

1. 接待礼仪

教师与家长在日常交往时，要注意以下几个方面的接待礼仪：

（1）热情接待来校的学生家长。家长来校时首先要对家长表示欢迎，包括应邀来校的家长和自动来访的家长。

（2）实事求是地介绍学生在校的情况。

（3）认真倾听家长的叙述。家长来校都是有其目的的，要尽量让家长把话说完，并认真倾听。

（4）对学生多一些表扬、鼓励，少一些批评指责。

（5）营造轻松、愉快的谈话氛围。家长来访时，教师要注意营造轻松、愉快的氛围。例如，可以先给家长倒一杯茶，说一些学生在班上的趣事。交谈时语气要亲切、自然。

（6）对家长应用商量的口吻，教师切勿以专家自居，不对家长发号施令，不责怪家长。

（7）多给家长一些发言机会。

（8）不要把家长当作发泄的对象，不要把家长当作什么都不懂的人来教训一番。

2. 电话礼仪

（1）打电话礼仪。

给家长打电话前要做准备，将所要说的问题和顺序整理一下，这样打起电话来就不会啰啰唆唆或者丢三落四。电话接通后首应先说："您好！"说话时要保持一种高兴的语气和声调，切忌冷漠无情。通话时间以短为佳，宁短勿长，一般限定在 3 分钟之内。通话内容要简明扼要，长话短说，直言主题，力戒讲空话，说废话，无话找话和短话长说。交谈结束后，应客气地道上一声："再见!"切忌鲁莽地将电话"喀啦"一声挂断。

（2）接电话礼仪。

接听电话时，一要做到接听及时。当听到电话铃一响（一般不应超过三声），便要拿起话筒，说："您好，这里是……"接下来再用普通话询问和交谈，接电话时不要与其他人交谈、看文件或者看电视、听广播、吃东西。如在会晤客人或举行会议期间家长打来电话，可向其说明原因，表示歉意，如："对不起，我正在开一个很重要的会议，会议结束后，我与您联系。"接电话完毕，应谦恭地问一下对方："请问您还有什么事情吗?"然后再道声"再见"。

教师与领导的交往礼仪

教师和学校领导的关系，从根本上来说是下级和上级的关系。这种关系决定了教师必须遵守一定的礼仪规范。具体来说，就是教师应当服从领导，并把领导的意图变为具体的行为。

一、教师与领导交往的礼仪原则

1. 尊重领导

作为教师，应当维护和支持学校领导的威望和工作。在领导面前，应当保持谦虚的态度，不要和领导顶撞，在公开场合尤其要注意。即便领导的做法不尽合理，也应在合适的场合与领导交换意见，千万不能对领导公然指责，切忌对领导的工作求全责备。对于领导工作上的失误，既不能袖手旁观，也不能冷嘲热讽。对于那些不关心教师、以权压人的领导，也不要"以牙还牙"、消极怠工，要冷静对待，做到有理、有利、有节，要有利于团结、有利于工作。当然，对于个别品德败坏、违法乱纪的领导，要进行坚决的斗争，但也要讲究斗争的策略和方法。

对于年老体弱的领导，在日常生活中要尽可能给予照顾。要把对领导的尊重与出于私心讨好上级区别开来。对于领导同志要一视同仁，采取尊重的态度，而不能因其地位级别而异。对领导的正确意见或指示，要坚决照办。当领导布置工作时，要认真倾听，尽可能作好记录。如果有没听清或者不理解的地方，可提请领导重复或者解释。已经接受的工作任务要尽力去办，事情办完后要及时向领导作汇报。

2. 服从管理

学校领导是学校的管理者，承担着管理的职责。学校领导对下属有工作方面的指挥权，教师服从领导的管理是非常必要的。

（1）教师服从领导是发挥整体功能的要求，也是民主集中制的体现

学校是一个大系统，教师是系统中的一个成员，如果每个教师都是脱离领导核心的游离分子，就不能形成一个具有凝聚力的整体，学校就不可能办好。

（2）教师服从领导、执行领导的决策，是教师具有组织观念的一种表现

教师的工作岗位在学校，这就必须在学校的总目标、总任务的指导下去工作，在领导的指挥下去行动，否则学校的奋斗目标就不可能实现。

（3）教师服从领导，是教师实现自我人生价值的保证

教师自身力量的发挥、才能的施展、生活的需求，都是与对学校教育事业的贡献分不开的。对学校教育事业的贡献又必然与学校领导的科学管理相联系。

对于领导的管理，教师必须善于服从、巧于服从，要讲究服从的技巧和艺术。

第一，对有明显缺陷的领导，积极配合其工作是上策。

第二，有才华且能干的下属更容易引起领导的注意。

第三，当领导交代的任务确实有难度，其他同事缩手缩脚时，要有勇气出来承担，显示你的胆略、勇气及能力。

第四，主动争取领导的领导，很多领导并不希望通过单纯的发号施令来推动下属开展工作。

3. 支持领导

"一个篱笆三个桩，一个好汉三个帮。"任何一位领导都离不开教师们的支持。学校领导的意图能不能得到贯彻，从根本上来说，取决于全

体教师对其工作的支持。身为教师，除了要尊重领导、服从管理之外，更应支持领导的工作。

（1）明确领导意图，主动出谋划策。

学校领导的意图要转化为具体的行为，首先要教师能够领会、把握。只有明确了领导的意图之后，教师才能进一步开展工作。在接受领导布置的工作时，教师不能被动地执行，而要积极主动地为领导出谋划策，以确保任务的顺利完成。

（2）恪尽职守，做好本职工作。

学校各项工作的正常开展，从根本上来说，取决于教师能不能保质保量地如期完成领导布置的各项任务。作为一名教师，必须时时严格要求自己，恪尽职守，做好本职工作。每一项工作都能取得优良的成绩，这就是教师对领导工作的最大支持。

二、教师与领导交往的基本礼仪

1. 教师与领导交谈时的礼仪

交谈是教师和学校领导相互了解和沟通的方式之一。教师在与领导交谈时，应注意掌握交谈的技巧，以增强交谈的效果。

（1）寻找自然轻松的话题。和领导交谈不能故意显示自己，切忌接"话把"、打岔、说话得意忘形、滔滔不绝。否则，会让领导认为你是一个自大狂，恃才傲物，在心理上觉得难以相处。在和领导交谈时，不要蜚短流长，要常称道他人的才干。一个精明的领导，不喜欢别人在他面前搬弄是非。

与校领导交谈不要乱开玩笑，尤其是关于工作的事情，否则会被校领导认为有轻浮之嫌。也不要一味地向校长吐"苦水"，如果这样，校领导会感觉你牢骚太多，工作能力低下。

（2）交谈时要注意举止仪态。就座后，坐姿应端正，但不僵硬，上身轻靠椅背。不要用手托腮或双臂肘放在桌上。要避免一些不合礼仪的举止体态，例如随意脱下上衣，摘掉领带，卷起衣袖；说话时比比划划，或挪动座椅；头枕椅背打哈欠，伸懒腰，揉眼睛，搔头发等。交谈时再也没有比领导对你讲话而你却环顾四周更令领导难堪的了。有些人边谈话边环顾四周，而有些人是在听话时东张西望。这两种人都缺乏基本的责任感，所以要善于倾听别人说话。在你对领导讲话时，要注视领导，不是紧紧地盯着，而是一直看着，这样，你的领导会明白你没有分散注意力。在领导对你讲话时，千万不要环顾整个房间，即使你在听，也不要表现出对周围发生的事很厌烦和很感兴趣。如果你的领导这样做，您可以停下来并与他一起注视，似乎你对他发现的奇事很好奇。如果他问你在干什么，你可以说："哦，我很感兴趣你在看什么。"然后继续谈话，他会明白暗示的。

2. 教师给领导提建议时的礼仪

"人非圣贤，孰能无过"，领导也可能会犯这样那样的错误。当教师发现领导错误地制定了一项方案或发出错误的指示，作为被领导者，会处于一个很尴尬的境地。按照错误的方案和指示工作，势必会导致失败的结局，这样的结果会对教师造成伤害。如果直接指出领导的错误，会使领导感到没面子。为了保全面子，有些领导会坚持自己的错误，在相反的路上越走越远，这样会破坏教师与领导的关系。因此，学会如何对领导说"不"是非常重要的。说"不"是要与领导同舟共济，不是要站在领导的对立面。要以事实为依据，促使领导做出新的、正确的决定，而不是简单地试图让领导否定自己的上一决定，还要选择合适的、对领导说"不"的场合。不要当众指出领导的错误，当众对领导说"不"；亦不要当场迫使领导表态。应寻求与领导单独相处的机会，并在适合做个人单独交谈的场合对领导提出你的不同意见，要注意维护领导的威信。

如果领导的方案或指示刚一出口。教师就立即表示反对，会使领导产生逆反心理。可以静观事态发展，等领导的错误使他陷入困境急于寻找出路时提出意见；也可以在领导心情好的时候，把不同意见告诉他。

在工作中给领导提建议一般应注意两个问题：一是不要急于否定原来的想法，而应先肯定领导的大部分想法，然后有理有据地阐述自己的见解。二是要根据领导的个性特点确定具体的方法。如对严肃的领导可用正面建议法，对开朗的领导可用幽默建议法，对年轻的领导可用直言建议法，对老领导可用委婉建议法等等。

3. 教师接受领导布置工作和任务时的礼仪

（1）听领导布置工作要专心，认真领会，认识意义，明确要求、方法和步骤。

（2）对领导要有信任感，从积极方面正确理解活动的意图。对不清楚的地方要问，认为不合适的地方要提出自己的建议和看法。对确认是决策的错误，应以诚恳的态度有理有据地说服领导。

（3）要把学校的工作看成是自己的工作，以主人翁的态度去思考自己如何投入。

（4）对领导交给自己的任务，要认为是对自己的信任，是一种锻炼自己的机会，应坚决愉快地接受。

（5）要按学校布置任务的总要求，来考虑如何以高标准的原则来制定自己的详细实施办法。

4. 教师在完成领导布置的工作和任务时的礼仪

（1）行动要快，真抓实干，争取跑到活动的前面，争当马前卒。

（2）在决策执行的过程中，要听取领导在小结中的反馈情况和建议，以便把有用的东西重新加进自己的具体执行计划中。

（3）在执行任务时，要帮助领导排除各种干扰，有利于完成任务的话就说，不利于完成任务的活动不做，千万不要说东道西，要力争树立正确的舆论，为完成任务鸣锣开道。

（4）要严格按照学校和自己既定的计划去执行。不惜时间、不惜力气、不计报酬、克服困难，不达目的誓不罢休。

（5）要动脑筋，想办法，尽量发挥自己的聪明才智，力争创新。

（6）要尽量吸收本单位和外单位的信息来充实自己，利用一切可以利用的条件，去获得最佳的效果。

5. 教师向领导汇报工作时的礼仪

（1）汇报工作时要做好充分的准备。要认真回顾工作和活动中的成绩和问题、经验与教训，以发扬优点，克服不足，以利再战。

（2）汇报工作时要选好时间。一般来说，要先了解领导的活动安排，不要在领导忙得不可开交或正全神贯注处理某一件事时打断领导的工作和思路，也不要在领导出席会议时打扰领导。要选择一个领导相对较空闲的时间进行汇报，这样才能达到汇报的目的，而且这本身也是对领导的尊重。

（3）汇报时要做到语言得体、情况属实。完成任务后要实事求是地向领导汇报，对自己的工作要有喜报喜，有忧报忧。如果确实有困难，就要如实说出，以寻求领导的支持，但不能夸大困难。曲意逢迎领导，领导喜欢听什么就汇报什么的做法是不对的。但是把汇报工作当作"摆功"或"诉苦"的机会也是不对的。

请示汇报的语言应该准确、清晰、简明扼要，要坚决杜绝一切低级、庸俗、粗鄙的语言。汇报工作时如果领导不太注意礼仪，或不同意所提的意见时，要保持冷静，不要表露不满情绪，更不能对领导大嚷大叫。